Hans Küng

Handbuch
Weltethos

Eine Vision und ihre Umsetzung

Unter Mitarbeit von
Günther Gebhardt und
Stephan Schlensog

Piper München Zürich

Mehr über unsere Autoren und Bücher:
www.piper.de

Von Hans Küng liegen bei Piper vor:

Große christliche Denker
Ist die Kirche noch zu retten
Was ich glaube
Anständig wirtschaften
Menschenwürdig sterben (mit Walter Jens)
Umstrittene Wahrheit
Einführung in den christlichen Glauben
Spurensuche
Der Anfang aller Dinge
Denkwege
Das Christentum
Das Judentum
Der Islam
Musik und Religion

Erkämpfte Freiheit
Rechtfertigung
Freidenspolitik (Hrsg. mit Dieter Senghaas)
Existiert Gott
Die Frau im Christentum
Wissenschaft und Weltethos (Hrsg. mit Karl-Josef Kuschel)
Christentum und Weltreligionen (mit Heinz Bechert)
Credo
Christ sein
Projekt Weltethos
Theologie im Aufbruch
Ewiges Leben?
Jesus

Originalausgabe
Oktober 2012
© 2012 Piper Verlag GmbH, München
Umschlaggestaltung: Büro Jorge Schmidt, München
Umschlagabbildung: Antonio M. Rosario / gettyimages
Satz: Stephan Schlensog, Tübingen
Gesetzt aus der Minion
Papier: Munken Print von Arctic Paper Munkedals AB, Schweden
Druck und Bindung: CPI – Clausen & Bosse, Leck
Printed in Germany   ISBN 978-3-492-30059-9

Inhalt

Eine zukunftsweisende Vision

Mitten im epochalen Umbruch 1989/90 konnte noch niemand wissen, was aus dem kleinem Buch mit dem anspruchsvollen Titel »Projekt Weltethos« werden würde. Die »Neue Zürcher Zeitung« schrieb damals: »In einer Zeit nicht enden wollender Kriege und neuer, blutiger Rassenkonflikte – aktueller denn je: Diese eine Welt braucht das eine Ethos; diese eine Weltgesellschaft braucht keine Einheitsreligion und Einheitsideologie, wohl aber einige verbindende und verbindliche Normen, Werte, Ideale und Ziele … Das knappe, dichte Buch ist eine gewaltige Rede, nicht fern prophetischer Gebärde …«

Das Programm war von Anfang an klar und hat sich im seither vergangenen Vierteljahrhundert ständig verdeutlicht und konkretisiert:

»Kein Frieden unter den Nationen ohne Frieden unter den Religionen.

Kein Frieden unter den Religionen ohne Dialog zwischen den Religionen.

Kein Dialog zwischen den Religionen ohne gemeinsame ethische Werte und Standards.«

Zu diesen Sätzen gehörte von Anfang an auch der Satz: »Kein Dialog zwischen den Religionen ohne Grundlagenforschung in den Religionen.« Dieser Satz stand 1991 als Motto in »Das Judentum«, dem ersten Band der Trilogie »Zur religiösen Situation der Zeit«, gefördert von der Bosch-Jubiläumsstiftung und dem Daimler-Benz-Fonds. Er demonstriert mit den Publikationen der Folgezeit (vgl. Bibliographie), ohne die das Projekt Weltethos gar nicht denkbar wäre, intensive theologische, philosophische und religionswissenschaftliche Forschungsarbeit.

Charta, Grundlagendokument für das Projekt Weltethos wurde die »*Erklärung zum Weltethos*« des Parlaments der Weltreligionen in Chicago vom 4. September 1993. Darin sind die Prinzipien und Weisungen eines Weltethos auf der Basis der großen religiösen und ethischen Traditionen der Menschheit klar formuliert und in die heutige Zeit hinein übersetzt.

- Die beiden *Grundprinzipien*:
  - Das *Humanitätsprinzip*: »Jeder Mensch soll menschlich und nicht unmenschlich behandelt werden.«
  - Die *Goldene Regel der Gegenseitigkeit*: »Tue nicht anderen, was du nicht willst, dass sie dir tun.«
- Die *vier Weisungen* oder *Imperative der Menschlichkeit*:
  - Für eine Kultur der *Gewaltlosigkeit* und der *Ehrfurcht vor allem Leben*: »Nicht töten – aber auch nicht foltern, quälen, verletzen« – oder positiv: »Hab Ehrfurcht vor dem Leben!«
  - Für eine Kultur der *Solidarität* und eine *gerechte Wirtschaftsordnung*: »Nicht stehlen – aber auch nicht ausbeuten, bestechen, korrumpieren« – oder positiv: »Handle ehrlich und fair!«
  - Für eine Kultur der *Toleranz* und ein Leben in *Wahrhaftigkeit*: »Nicht lügen – aber auch nicht täuschen, fälschen, manipulieren« – oder positiv: »Rede und handle wahrhaftig!«
  - Für eine Kultur der *Gleichberechtigung* und die *Partnerschaft von Mann und Frau*: »Nicht Sexualität missbrauchen, aber auch nicht den Partner überhaupt missbrauchen, erniedrigen, entwürdigen« – oder positiv: »Respektiert und liebt einander!«

Manche hielten dieses Projekt damals für eine reine Utopie. Aber die Weltethosidee ist keine Utopie, kein Nirgendwo, sondern sie ist eine *Vision*: Sie zeigt, wie eine zwar nicht »heile«, aber doch bessere Welt aussehen soll und kann. Sie ist eine *zukunftsweisende* Vision: Wir und alle Menschen, die mit uns weltweit daran arbeiten, sind überzeugt, dass der Einsatz für Respekt und Verständigung zwischen den Kulturen und der Einsatz für ethische Standards in der Gesellschaft, auch in Politik und Wirtschaft, Erziehung und Bildung, dringend notwendig ist. Und Weltethos ist eine *realistische* Vision, die selbstverständlich nicht über Nacht verwirklicht wird, sondern Zeit braucht. So war es auch schon mit den gesellschaftlichen Fragestellungen vor dreißig oder vierzig Jahren: ein neues Verständnis von Frieden und Abrüstung, eine erwachende Sensibilität für Umweltprobleme, eine neue partnerschaftliche Sicht der Rollen von Mann und Frau. All diese Fragen hatten auch eine ethische Dimension, und das Umdenken dauerte Jahrzehnte – und ist bis heute nicht abgeschlossen.

Das Projekt Weltethos hat in seinen ersten zwei Jahrzehnten einen weiten Weg zurückgelegt. Um einen Überblick zu geben, seien einleitend die wichtigsten Wegmarken des Projekts knapp genannt:

1989 Februar: UNESCO-Symposion, Paris: »Kein Weltfriede ohne Religionsfriede«

1989 November: Fall der Berliner Mauer

1990 Februar: World Economic Forum, Davos: »Warum brauchen wir globale ethische Standards, um zu überleben?«

1990 Mai: »Projekt Weltethos«

1993 Chicago: 2. Parlament der Weltreligionen: »Erklärung zum Weltethos«

1995 Gründung der Stiftung Weltethos in Tübingen

1995 »Ja zum Weltethos. Perspektiven für die Suche nach Orientierung«

1997 Fortschreibung des Buches »Projekt Weltethos«: »Weltethos für Weltpolitik und Weltwirtschaft«

1997 InterAction Council früherer Staats- und Regierungschefs: Vorschlag für eine »Allgemeine Erklärung der Menschenpflichten«

1998 Kuala Lumpur: International Confederation of Stock Exchanges: »Ethical Standards for International Financial Transactions«

1998 »Wissenschaft und Weltethos« mit Beiträgen aus Wirtschaftsethik und Rechtswissenschaft, Politik- und Erziehungswissenschaft, Naturwissenschaft und Ethik

1999 Kapstadt: 3. Parlament der Weltreligionen: »Aufruf an unsere führenden Institutionen«

2001 Baden-Baden: Interdisziplinäres Symposion »Globale Unternehmen – Globales Ethos. Der globale Markt erfordert neue Standards und eine globale Rahmenordnung«

2001 Vereinte Nationen: Berichtband der »Gruppe herausragender Persönlichkeiten« »Crossing the Divide. Dialogue among Civilizations, Report for the United Nations«; im Internet unter: www.uno.org; dt.: »Brücken in die Zukunft. Vereinte Nationen« (2001)

2002 Tübingen: Interdisziplinäres Symposion »Ein neues Paradigma internationaler Beziehungen? Ethische Herausforderungen für die Gestaltung der Weltpolitik«, veröffentlicht in: »Friedenspolitik. Ethische Grundlagen internationaler Beziehungen« (2003)

2004 Abschluss der Trilogie zur religiösen Situation der Zeit mit dem Band »Islam. Geschichte, Gegenwart, Zukunft«

2006 »Der Hinduismus. Glaube, Geschichte, Ethos« (Stephan Schlensog)

2009 New York/Basel: Manifest »Global Economic Ethic«

2011 Gründung des Weltethos-Instituts an der Universität Tübingen

2011 Oktober, Berlin: Uraufführung der Komposition »Weltethos« von Jonathan Harvey durch die Berliner Philharmoniker (Sir Simon Rattle)

2011 November, Washington, Georgetown University: Internationales Symposion »Global Ethic, Law and Policy«

2012 April, Tübingen: Eröffnung des Weltethos-Instituts und Aufnahme des Lehrbetriebs

Diese Wegmarken waren alle mit vielen Mühen verbunden, und so weise ich besonders in Teil II bei verschiedenen Abschnitten über den »persönlichen Hintergrund« darauf hin, welche Vorarbeit den Teilprojekten jeweils vorausging. Dort wird deutlich werden: Das Weltethos-Projekt fiel ja nicht eines Tages vom Himmel, sondern wird durch jahrzehntelange Grundlagenforschung – schon im Institut für ökumenische Forschung (1964–1996) – umfassend und solide begründet. Eine Übersicht über die einschlägige Grundlagenliteratur findet sich am Ende dieses Buches. Ebenso lange vielfältige Erfahrungen bei der Entstehung, Verbreitung und praktischen Umsetzung dieser Ideen haben deren Relevanz und Notwendigkeit immer wieder neu bestätigt.

Und nun also ein Handbuch: »Die Deutschen müssen große Hände haben«, meinte ein witziger amerikanischer Gelehrter im Blick auf manche »Handbücher«. Dieses Handbuch ist klein und möchte doch einen kompakten Überblick über Idee, Begründung und Umsetzung des Weltethos heute bieten. Um es klein und griffig zu halten, vermied ich Literaturhinweise und Fußnoten; in unseren verschiedenen Büchern lassen sich die entsprechenden Belege leicht auffinden; zur Geschichte vgl. auch die von verschiedenen Autoren kommentierte »Dokumentation zum Weltethos«, hrsg. v. H. Küng (2002).

Dieses kleine Handbuch mag nun auch als Leitfaden dienen für das neue Weltethos-Institut (WEIT). Dieses wurde uns durch eine höchst großzügige Investition der Karl-Schlecht-Stiftung ermöglicht. Prof. h.c., Dipl. Ing. KARL SCHLECHT und seiner Frau BRIGITTE, welche die Stiftung Weltethos seit vielen Jahren mit namhaften Summen unterstützen, sei dieses Handbuch in Dankbarkeit gewidmet.

Tübingen, 1. März 2012   *Hans Küng*

I. Was ist Weltethos?

Das Projekt Weltethos strebt an: Frieden unter den Religionen, Kulturen und Nationen auf der Basis einiger gemeinsamer elementarer ethischer Werte, Maßstäbe und Haltungen. Es hat in mehr als zwei Jahrzehnten stetig an Aktualität und Zustimmung gewonnen. Ja, das Weltethos hat – und dies nicht nur wegen der Weltfinanz- und Wirtschaftskrise – Hochkonjunktur. Zudem wurden die Missverständnisse, die sich mit einem neuen Projekt leicht verbinden, für alle, die sich informieren wollten, geklärt. Die Begründungen und Argumentationen, wie sie in der ersten Phase vor allem aus den Weltreligionen geschöpft wurden, sind unterdessen aus verschiedenen Disziplinen bestätigt und verstärkt worden. Dennoch ist das Projekt bis heute ein lebendiger, ein offener Prozess geblieben. Es kennzeichnet seine Vitalität, dass es sich nach wie vor offensiv und hoffentlich kreativ mit neuen Fragen auseinandersetzt, die sich aus kulturellen, gesellschaftlichen oder religiösen Entwicklungen ergeben.

1. Weltethos als Chance

(1) Ein globales Zeitalter erfordert ein globales Ethos

Denken und Handeln der Menschen – von Politik und Wirtschaft, Erziehung und Bildung bis zu Kultur und Sport – spielen sich mehr und mehr vor globalem Horizont ab; von daher ist eine ethische Orientierung in ebenfalls globalem Ausmaß notwendiger denn je. Fast täglich liest und hört man in den Medien von irgendwelchen Krisen und gerade auch ihren moralischen Voraussetzungen oder Folgen.

Man wird oft gefragt, welche Krise man für die gefährlichste halte. Meine Antwort ist: Am gefährlichsten ist die gegenwärtige Kumulation der globalen Krisen. Wir leben in einer Zeit, da sich mehrere grundlegende Krisen gegenseitig beeinflussen und verstärken. Fukushima ist ein Symbol dafür, wie Erdbeben, Tsunami und technisches und politisches Versagen sich gegenseitig steigern. Klima- und Energiekrise, Finanz- und Wirtschaftskrise, Schulden- und Staatskrise nicht nur in Entwicklungsländern, sondern auch in Griechenland, Portugal, Italien, Spanien, Irland, Großbritannien und in der westlichen Führungsmacht USA, ja schließlich sogar in Frankreich und Deutschland. Das sind allesamt keine Naturkrisen, sie sind menschengemacht.

Nun gibt es leider kein Allheilmittel zur Überwindung der einzelnen Krisen oder gar aller Krisen gemeinsam. Selbstverständlich bietet auch das Weltethos keine fertige Lösung all dieser Probleme im Sinne eines Rezepts. Aber die Idee eines Weltethos stellt doch einen wirksamen Antwortversuch dar, insofern sie in den Krisen einer globalisierten Welt einen ethischen Orientierungsrahmen (weltweit und zu Hause) und eine Art moralischen Kompass anbietet, der in allen

Lebensbereichen, im Großen wie im Kleinen, für Jung und Alt hilfreich sein kann.

(2) Weltethos zur Krisenvermeidung

Naturkatastrophen sind nicht vermeidbar, von Menschen produzierte Katastrophen dagegen sehr wohl. In der Einleitung zu meinem Buch »Projekt Weltethos« (1990) hatte ich von drei Weltkatastrophen gesprochen und zugleich von drei Krisendaten, die sich der Menschheit anboten, um eine neue, bessere Weltordnung heraufzuführen: 1918 (nach dem Ersten Weltkrieg), 1945 (nach dem Zweiten Weltkrieg), 1989 (nach dem Ende des Kalten Krieges zwischen Ost und West).

1990 hatte ich der weit verbreiteten Hoffnung Ausdruck verliehen auf eine neue Weltordnung – als »A New World Order« dann auch vom US-Präsidenten George Bush sen. nach dem Ersten Irakkrieg angekündigt. Aber leider musste ich nach zwei Jahrzehnten feststellen, dass diese Hoffnung der Völker offenkundig in keiner Weise in Erfüllung gegangen ist.

Dass diese Riesenhoffnung enttäuscht wurde, hatte seinen Grund nicht nur in einem Versagen der Institutionen (der nationalen Regierungen und Parlamente und der internationalen Organisationen), sondern auch in einem katastrophalen Versagen der Moral. Durch eine anständige, ehrliche, konstruktive Politik hätten die meisten Katastrophen vermieden werden können:
– Vermeidbar war der neuartige internationale Terrorismus: Man stelle sich vor, der Staat Israel hätte bereits nach dem siegreichen Sechs-Tage-Krieg 1967 mit den arabischen Nationen einen (auch von weitsichtigen Israelis erhofften) fairen Frieden geschlossen: wie mit Ägypten, so auch mit einem aufzubauenden Palästinenserstaat …

– Vermeidbar war der Afghanistan-Krieg: Man stelle sich vor, die Supermacht hätte statt eines von Anfang an höchst riskanten Krieges zu Lande, zu Wasser und in der Luft die zunächst erwogene effiziente international koordinierte Polizei- und Geheimaktion gegen das Terrornetz Al-Kaida (kein Staat!) eingeleitet …

– Vermeidbar war der Zweite Irak-Krieg von Präsident Bush jun., der auf eine amerikanische Hegemonie im Nahen Osten zielte: Man stelle sich vor, man hätte den Diktator Saddam Hussein durch politische und militärische Isolierung paralysiert und zugleich das Palästina-Problem einer fairen politischen Lösung zugeführt …

– Vermeidbar war die vorschnelle Expansion der Europäischen Union: Man stelle sich vor, man hätte nicht nur das finanzielle Dach des Euro gebaut, sondern zur gleichen Zeit den durch den Maastricht-Vertrag vereinbarten Innenausbau der Union durch Reform ihrer Institutionen (Abstimmungsmodus, Aufnahmebedingungen etc.) konsequent durchgeführt und hätte betrügerischen Beitritt verhindert …

– Vermeidbar war die Aufkündigung des europäischen Stabilitätspaktes zuerst durch die deutsche Regierung: Man stelle sich vor, Deutschland und anschließend auch Frankreich hätten Europa und der Welt ein Beispiel gegeben für einen Umbau des wuchernden Sozialstaates, um die sozialen Netze finanzierbar zu machen, überflüssige Subventionen zurückzubauen, unbezahlbare Gesetze zu verändern, die Wirtschaft wieder anzukurbeln und die Arbeitslosigkeit zu senken …

– Vermeidbar war schließlich auch die internationale Finanz- und Wirtschaftskrise: Man stelle sich vor, man hätte sich rechtzeitig um die von vielen geforderte neue Finanzarchitektur, ein neues Bretton-Woods-Abkommen, bemüht und hätte den Kasino-Kapitalismus an der Wallstreet, in London, Frankfurt und Zürich eingedämmt …

Alle diese Krisen haben immer auch eine *ethische Dimension*. Und alle Lösungsversuche greifen zu kurz, wenn man nicht auch auf der Ebene des Ethos, der inneren Haltung der involvierten Akteure und Entscheidungsträger, auf einen Bewusstseinswandel, auf eine Rückbesinnung auf Verantwortung und elementare ethische Standards hinwirkt.

(3) Demokratische und ethische Werte

Die von Europa ausgegangenen Werte wie »Freiheit, Gleichheit und Brüderlichkeit« und die großen Errungenschaften wie Demokratie, Menschenrechte und Toleranz würden sich weltweit besser durchsetzen, wenn sie von ethischen Werten wie Humanität und humanen Maßstäben getragen würden. Man hat in den vergangenen Jahren immer wieder diese westlichen Werte und die westliche Wertegemeinschaft gepriesen. Aber dabei hat man oft wesentliche Werte ignoriert, die auch europäische und vor allem zugleich universale Werte sind und deren Missachtung Inhumanität zur Folge hat:

– Gewaltlosigkeit und Ehrfurcht vor dem Leben;
– Solidarität und gerechte Wirtschaftsordnung;
– Wahrhaftigkeit und Toleranz;
– Gleichberechtigung und Partnerschaft.

Verschiedene internationale Konferenzen und Initiativen haben die Notwendigkeit globaler ethischer Maßstäbe hervorgehoben. Die internationale Kommission für Weltordnungspolitik (1995), welche mit den Menschenrechten auch die Menschenpflichten betont; dann die Welt-Kommission für Kultur und Entwicklung (1995), welche über alles ökonomische Wachstum hinaus menschliche Entwicklung fordert; schließlich der Vorschlag des InterAction Councils, ein »Club« früherer Staats- und Regierungschefs, für eine universale Erklärung der menschlichen Verantwortlichkeiten

(1997). Alle reagierten sie mit ihren moralischen Appellen auf bestimmte globale Entwicklungen und Trends:
– die Umbruchssituation in der internationalen geopolitischen Wirklichkeit und die wirkungslos gebliebene Proklamation einer »neuen Weltordnung«;
– die überbordenden Probleme in den Bereichen Ökologie, Bevölkerungsexplosion, Energieknappheit ...;
– die zunehmende Tendenz zu ethnischen Konflikten und der lokal und regional drohende Zusammenprall der Kulturen;
– die weltweite Vernetzung durch den Fortschritt der Kommunikationstechnologien mit ihren vielen positiven, aber auch einigen negativen Seiten;
– die Herausforderungen und Chancen multikulturellen Zusammenlebens, das heutzutage nicht nur in Großstädten, sondern auch in ländlichen Gebieten gegeben ist.

(4) Menschenpflichten stärken Menschenrechte

Die Erklärung zum Weltethos des Parlaments der Weltreligionen (Chicago, 4. September 1993) bejaht schon in ihrem ersten Kapitel die *grundlegende Bedeutung der Menschenrechte*: »Wir sind überzeugt von der fundamentalen Einheit der menschlichen Familie auf unserem Planeten Erde. Wir rufen deshalb die Allgemeine Menschenrechtserklärung der Vereinten Nationen von 1948 in Erinnerung. Was sie auf der Ebene des *Rechts* feierlich proklamierte, das wollen wir hier vom *Ethos* her bestätigen und vertiefen: die volle Realisierung der Unverfügbarkeit der menschlichen Person, der unveräußerlichen Freiheit, der prinzipiellen Gleichheit aller Menschen und der notwendigen Solidarität und gegenseitigen Abhängigkeit aller Menschen voneinander.« Aber zugleich betont die Erklärung, »dass der Einsatz für Recht und

Freiheit ein Bewusstsein für Verantwortung und Pflichten voraussetzt und deshalb Kopf und Herz der Menschen angesprochen werden müssen«.

Damit geht die Weltethos-Erklärung konform mit der Allgemeinen Erklärung der Menschenrechte in Artikel 29: Dort ist die Rede von den »Pflichten eines jeden Menschen gegenüber der Gemeinschaft«. Zugleich ist im Artikel die Rede von »den gerechten Anforderungen der Moral, der öffentlichen Ordnung und der allgemeinen Wohlfahrt in einer demokratischen Gesellschaft«. Diese Überlegungen standen Pate bei der Formulierung der bereits erwähnten Erklärung der Menschenverantwortlichkeiten des InterAction Council (vgl. Kap. IV, 2). So wird deutlich, dass Menschenrechte und Menschenpflichten sich für die Gesellschaft *nicht gegenseitig begrenzen, sondern fruchtbar ergänzen*. Dies betonen auch verschiedene Dokumente internationaler Kommissionen (vgl. Kap. IV, 5).

Es ist bekannt, dass der *Begriff Pflicht* in seiner jüngeren Geschichte ständig missbraucht worden ist, sowohl im Staat wie in der Kirche. Aber all die Missbräuche sollten uns nicht hindern, an diesem Begriff festzuhalten, der seit Cicero und Ambrosius eine lange Geschichte hat, durch Kant zu einem Schlüsselbegriff der Moderne wurde und auch heute unersetzlich erscheint. Pflicht drängt zwar moralisch, aber zwingt nicht. Sie folgt primär aus der nicht rein technischen oder ökonomischen, sondern ethischen Vernunft, die den Menschen, dem es eigen ist, sich in Freiheit entscheiden zu können, zu moralischem Handeln anhält und drängt. Und vergessen sei auch nicht, dass nicht nur Pflichten, sondern auch Rechte missbraucht werden können: dann nämlich, wenn sie erstens konstant ausschließlich zum eigenen Vorteil gebraucht und wenn sie, zweitens, ständig maximal bis hin zu ihren äußersten Möglichkeiten ausgenützt werden. Wer seine Pflichten vernachlässigt, untergräbt schließlich auch die Rechte. Selbst der Staat würde gefährdet, wenn seine Bürger und erst recht wenn die politisch und wirtschaftlich Verantwortlichen von diesen keinen sinnvollen Gebrauch machten und sie zu purem Eigennutz missbrauchten. Es erübrigt sich, auf einschlägige Polit- und Wirtschaftsskandale in der Bundesrepublik Deutschland hinzuweisen.

Die rechtliche Gültigkeit der Menschenrechte kann selbstverständlich auf keinen Fall abhängig gemacht werden von der faktischen Realisierung der Pflichten. Dies würde ja bedeuten, dass Rechte nur dem zukämen, der sich durch Pflichterfüllung gegen die Gemeinschaft als ihrer würdig erwiesen hätte. Dies verstieße eindeutig gegen die voraussetzungslose *Würde der menschlichen Person*, welche ihrerseits Voraussetzung sowohl der Rechte wie der Pflichten ist.

(5) Bei aller Vielfalt Gemeinsamkeit

Von der Weltethos-Idee her ist die *kulturelle und religiöse Vielfalt* zu respektieren und somit auch die unterschiedliche Gesetzgebung in den verschiedenen Ländern und Regionen, sofern sie den Allgemeinen Menschenrechten nicht widerspricht. Es ist zum Beispiel selbstverständlich, dass der jüdisch geprägte Staat Israel die Einhaltung der Sabbatruhe am Samstag gesetzlich festgelegt hat. Und ebenso selbstverständlich ist, dass auch in relativ liberalen arabischen Nationen wie Oman dem Freitag eine Sonderstellung eingeräumt wird. Dann sollte man es aber ebenso selbstverständlich nehmen, dass traditionell christliche Länder sich auch in der Europäischen Union für den Schutz des arbeitsfreien Sonntags einsetzen und ein breites Bündnis aus Kirchen, Gewerkschaften, Verbänden und Politikern den arbeitsfreien Sonntag als europäisches Kulturgut auch in der EU-Arbeitszeitrichtlinie verankert sehen möchte. Ähnliches gilt übrigens auch für religiöse Symbole in der Öffentlichkeit wie das Kreuz in traditionell katholischen Regionen, solange solche Kreuze nicht zu parteipolitischen oder kirchenpolitischen Zwecken missbraucht werden.

Doch bei aller kulturellen und religiösen Vielfalt macht das Weltethos besonders die *Gemeinsamkeiten im Ethos* bewusst. Alle Menschen tragen gemeinsam die Verantwortung für Gesellschaften und Menschheit. Und das stellt eine Herausforderung dar, ein gemeinsames moralisches Fundament als Entscheidungs- und Handlungsgrundlage zu errichten: nicht ein komplexes System der Ethik, wohl aber einige wenige allgemein anerkannte elementare ethische Kernnormen.

Auf diese Weise stellt das Weltethos eine kulturübergreifende Leitidee zur Grundlegung einer pluralen und oft multikulturellen Gesellschaft dar. Das Weltethos setzt eine unterschiedliche kontextuelle Verwurzelung und Begründung von ethischen Prinzipien, Werten und Normen selbstverständlich voraus. Und insofern bleibt es keineswegs auf eine exklusiv religiöse Option begrenzt. Vielmehr stellt das Weltethos einen inklusiv zu verstehenden Appell zu einer Selbstverpflichtung auf ethische Werte und Normen dar, der sich an Glaubende wie Nichtglaubende, an religiöse wie nichtreligiöse Menschen wendet. Niemand ist ausgenommen, auch die Appellierenden nicht.

Immer mehr zeigt sich dabei die Relevanz der Weltethos-Idee für die verschiedenen gesellschaftlichen Bereiche:
– die *Pädagogik*: Immer stärker ist sie durch zunehmend ethnisch heterogene Klassenverbände interkulturell geprägt. Immer mehr wird zugleich eine ethische Grundorientierung erwartet;
– die *Politik*: Im nationalen Kontext ist sie gerade in Zeiten starken Wandels auf das Fundament gemeinsamer Grund-

werte angewiesen; nicht zuletzt ist der gesellschaftliche Zusammenhalt in der Balance von Freiheit und Verantwortung zu bewahren;

– die *Wirtschaft*: Im Zeitalter der Globalisierung hat sie ihre Verlässlichkeit durch ihre Verpflichtung auf elementare ethische Standards unter Beweis zu stellen: nicht nur im eigenen Unternehmen durch ein Unternehmensethos (Mitarbeiterkultur, Verhaltenskodizes) oder in den zunehmend interkulturell geprägten Geschäftsbeziehungen, wo es eben nicht nur um wirtschaftliches Kapital, sondern auch um Vertrauenskapital geht, sondern auch ganz grundsätzlich bei der Gestaltung unserer globalisierten Ökonomie.

– Schließlich die *internationalen Beziehungen*: Die Verständigung auf ein humanes Grundethos kann sich nachhaltig auf den Frieden zwischen den Menschen aus den verschiedenen Regionen der Welt auswirken.

2. Missverständnisse klären

Das Projekt Weltethos wurde vor knapp zwei Jahrzehnten initiiert mit der Programmatik: Kein Friede unter den Nationen ohne Frieden unter den Religionen. Kein Friede unter den Religionen ohne Dialog zwischen den Religionen. Kein Dialog zwischen den Religionen ohne elementare ethische Werte, Maßstäbe und Haltungen.

Das Projekt Weltethos ist heute weltweit in verschiedensten Gesellschaftsbereichen anerkannt, wird in den Medien reichlich kommentiert und auf vielen Ebenen, allen voran in den Schulen, immer mehr realisiert. Dennoch stößt es noch immer auf Missverständnisse. Ich möchte deshalb zunächst einige solcher immer wieder auftretenden Missverständnisse klären.

(1) Das Projekt Weltethos ist kein explizit religiöses, sondern ein allgemein ethisches Projekt

Es kann und soll sowohl von Religiösen wie von Nichtreligiösen mitgetragen werden. Philosophische Begründungen sind ebenso möglich wie theologische und religionswissenschaftliche Argumentationen.

(2) Das Weltethos beschränkt sich nicht auf Individualethik, sondern gilt jederzeit für alle Menschen und Institutionen

Schon die Weltethos-Erklärung von Chicago 1993 spricht aus, »was Grundelemente eines gemeinsamen Ethos für die Menschheit sein sollten – für die Einzelnen ebenso wie für die Gemeinschaften und Organisationen, für die Staaten ebenso wie für die Religionen selbst«.

(3) Das Projekt Weltethos zielt nicht auf eine Einheit der Religionen, sondern auf Frieden zwischen den Religionen

Möglich wäre eine Einheit der christlichen *Kirchen*, wenn sie nicht von bestimmten Kirchenleitungen, besonders der römischen, aus Machterhaltungsgründen blockiert und hintertrieben würde; denn die christlichen Kirchen haben im Glauben an Jesus Christus ein gemeinsames Fundament. Aber zwischen den großen *Weltreligionen* fehlt ein solches gemeinsames Glaubensfundament, und deshalb ist zwischen den Religionen nicht Einheit anzustreben, wohl aber Dialog, Zusammenarbeit, Frieden.

(4) Frieden zwischen den Religionen heißt, die Differenzen zwischen ihnen nicht ignorieren, aber übersteigen

Die Unterschiede in Lehren, Riten und Gebräuchen sind ernstzunehmen, doch gleichzeitig ist – um der Zukunft der Menschheit willen – die Notwendigkeit einiger gemeinsamer ethischer Normen allen Differenzen zum Trotz zu betonen. Wer das Weltethos ernstnimmt, kennt sich oft besser aus in den Unterschieden der Religionen als bestimmte christliche Apologeten, die nur die Differenzen ohne Blick für die Gemeinsamkeiten hervorheben.

(5) Obwohl Religionen oft in Konkurrenz zueinander stehen, ist ein gemeinsames Engagement zur Friedensstiftung möglich

Die Religionen indischen und chinesischen Ursprungs sind ohnehin nicht so exklusiv gegen andere wie die drei prophetischen Religionen. Aber auch Judentum, Christentum und Islam haben trotz aller großen dogmatischen Unterschiede vieles gemeinsam, vor allem die großen ethischen Standards, die den Kern eines Weltethos darstellen. Diese Gemeinsamkeiten im Ethos ermöglichen eine konstruktive Zusammenarbeit für den Frieden. Jede der drei prophetischen Religionen muss freilich ihr großes Friedenspotential nutzen und das, was sich als Konfliktpotential auswirken kann, kritisch aufarbeiten. Das gilt zum Beispiel für die Frage »Heiliger Kriege« im Koran oder in der Hebräischen Bibel oder für die dogmatische Exklusivität in christologischen Aussagen etwa des Johannesevangeliums. Das Weltethos hebt hingegen die friedensfördernden und verbindenden Aussagen der heiligen Schriften hervor, ohne freilich deren Konfliktpotential zu ignorieren.

*(6) Weltethos meint keine neue Weltideologie, wohl aber
eine realistische Vision*

Für die Menschen heute sind moderne Einheitsideologien sozialistischer, kapitalistischer, szientistischer oder auch religiöser Prägung immer weniger überzeugend. Weltethos ist keine künstliche »Superstruktur«, meint kein »artifiziell abstraktes Welteinheitsethos«. Es respektiert die Vielfalt religiös und philosophisch begründeter Moralkulturen und unterdrückt nicht wohlmeinend die Überzeugungen Andersdenkender. Es gründet in der uralten Weisheit der Völker und in elementaren Lebensregeln, wie sie sich seit der Menschwerdung des aus der Tierwelt stammenden Menschen herausgebildet und sich in verschiedenen religiösen und ethischen Traditionen der Kulturen und auch im Gewohnheitsrecht niedergeschlagen haben.

*(7) Das Weltethos will die Ethik der einzelnen Religionen
nicht ersetzen, sondern unterstützen*

Religion ist mehr als nur Moral, ist in erster Linie Botschaft, Heilslehre und schließt auch Ritus und Gemeinschaft ein. Es wäre eine Torheit und Illusion, die Tora der Juden, die Bergpredigt der Christen, den Koran der Muslime, die Bhagavadgita der Hindus, die Reden des Buddha, die Weisheitssprüche des Konfuzius ersetzen und überbieten zu wollen. Sie bleiben Grundlage oder Rahmen für Glauben und Leben, Denken und Handeln von Hunderten von Millionen Menschen. Die Religionen sollen, ja müssen ihr Eigenes selbstverständlich festhalten und es in Glaubenslehre, Riten und Gemeinschaften betonen. Doch sollten sie zugleich erkennen und realisieren, was sie bezüglich einiger elementarer ethischer Weisungen gemeinsam haben.

*(8) Das Weltethos reduziert die Religionen nicht auf einen
ethischen Minimalismus, sondern weist auf einen
Grundstock von elementaren humanen Lebensregeln
hin*

Es stellt das Elementare dessen heraus, was den Religionen
der Welt schon jetzt im Ethos gemeinsam ist. Und gerade
die beiden Grundprinzipien eines Weltethos sind höchst
anspruchsvoll und verbessern das menschliche Zusammenleben wesentlich: sowohl die Humanitätsregel, dass jeder
Mensch menschlich und nicht unmenschlich oder sogar
bestialisch behandelt werden soll, als auch die Goldene Regel der Gegenseitigkeit, dem anderen, einem Einzelnen wie
einer Gruppe, nicht anzutun, was man auch sich selber nicht
angetan haben möchte.

*(9) Weltethos ist nicht ein westliches Programm, das dem
Rest der Welt auferlegt werden soll, sondern es speist
sich aus allen großen Weltkulturen*

Elementare Normen der Sittlichkeit haben sich in allen Kulturen herausgebildet. Besonders die Betonung des Huma-
num und die Goldene Regel der Gegenseitigkeit finden sich
schon fünf Jahrhunderte vor Christus bei Konfuzius. Und
die vier zentralen ethischen Weisungen oder Imperative der
Menschlichkeit – nicht morden, stehlen, lügen, Sexualität
missbrauchen – finden sich schon bei Patañjali, dem Be-
gründer des Yoga, im buddhistischen Kanon und natürlich
auch in der Hebräischen Bibel wie schließlich im Neuen Tes-
tament und im Koran.

(10) Das Weltethos entscheidet nicht die zwischen und
in den Religionen notorisch umstrittenen ethischen
Fragen

Ethische Fragen, in denen es von vornherein keinen Konsens zwischen den Religionen oder auch nur innerhalb einer Religion gibt, können – zumindest zum gegenwärtigen Zeitpunkt – nicht Gegenstand eines Weltethos sein. Dies ist der Grund, weswegen in der Weltethos-Erklärung des Parlaments der Weltreligionen unter anderem vier Probleme, in denen es keinen Konsens gibt, keine Erwähnung finden: Empfängnisverhütung, Abtreibung, Homosexualität und Sterbehilfe. Doch sind die Religionen in der Pflicht, statt die Gesellschaft in diesen Streitfragen zu polarisieren, wie dies oft geschieht, in weiterem Nachdenken und gegenseitigem Gespräch entsprechend den allgemeinen ethischen Normen zu einem Konsens beizutragen, der den Einzelnen hilft und zum gesellschaftlichen Frieden beiträgt.

3. Wesentliche Dimensionen

(1) Ethos meint nicht eine Sittenlehre, sondern sittliches
Bewusstsein, Überzeugung, Haltung

»*Ethos*« (griechisch: ursprünglich Gewohnheit, Herkommen, Brauch, Sitte) meint, streng definiert, nicht eine »*Ethik*«: nicht ein ethisches System, eine philosophische oder theologische Doktrin oder Disziplin (zum Beispiel die Ethik des Aristoteles, des Thomas von Aquin, Immanuel Kants), die als wissenschaftliche Reflektion über das sittliche Verhalten selbstverständlich von großer Bedeutung sind. Ethos meint vielmehr die innere *sittliche Überzeugung und Gesamt-*

haltung, eine Selbstverpflichtung des Menschen auf verbindende *Werte*, unverrückbare *Maßstäbe* und persönliche *Grundhaltungen* oder *Tugenden*. Wir sind hier nicht mehr auf der Ebene des *Rechts*, der äußeren Regeln, der Gesetze und Paragraphen, der Polizei, Staatsanwälte, Gerichte und Gefängnisse. Wir sind vielmehr auf der Ebene des persönlichen *Gewissens* – oder in anderen kulturellen Traditionen: des Herzens –, also des inneren Kompasses. Die juristische wie die ethische Ebene sind notwendig und stützen sich gegenseitig, ohne dass die eine die andere ignorieren oder gar absorbieren darf.

(2) Ethische Werte, Normen, Grundhaltungen sind kulturspezifisch und zeitbedingt, und doch gibt es universelle ethische Konstanten

Ethische Normen realisieren sich stets in einer bestimmten Situation, an einem konkreten Ort, zu einer bestimmten Zeit und zwischen den dort lebenden Menschen. Und: Sie realisieren sich in höchst unterschiedlicher Weise. Und es liegt an der Zeit- und Konstellationsabhängigkeit, dass zu bestimmten Zeiten Normen nicht nur mit unterschiedlichen Prioritäten gehandhabt werden, sondern dass sie auch verschüttet werden, in Vergessenheit geraten, ja, nicht selten aus Machtgründen, bewusst ignoriert werden. Denken wir etwa an die Missachtung der jesuanischen Gewaltlosigkeit im Zeitalter der Kreuzzüge oder die zum Teil kulturell sanktionierte Mädchen-Tötung in Süd- und Ostasien.

Aber gewisse fundamentale ethische Maßstäbe gelten (oder sollten gelten) in allen Kulturen. Die Erfahrung zeigt: In verschiedenen kulturellen Lebenswelten tauchen immer wieder ähnliche Lebenswerte auf: vor allem der Schutz des Lebens, des Eigentums, der Wahrheit (Wahrhaftigkeit), der

Geschlechtlichkeit. Das hat in allen Kulturen nach ähnlichen Normen gerufen. Dabei ist es eine Binsenweisheit, dass Grundwerte wie Wahrhaftigkeit und Gerechtigkeit in China oder Indien anders verstanden werden als in Europa oder Amerika. Und selbstverständlich hat sich etwa die Einstellung zu Sexualität und Partnerschaft durch die Jahrhunderte sehr verändert. Doch Mord, Diebstahl, Lüge und Unzucht, welche die Bereiche Leben, Eigentum, Wahrheit und Geschlechtlichkeit schützen, galten und gelten überall und jederzeit als moralisch verwerflich, wenngleich in unterschiedlicher Weise. Und ob es ein amerikanischer, israelischer oder deutscher Staatspräsident, ein britischer Premierminister, ein japanischer oder indischer Staatsmann ist, der sein Volk täuscht oder belügt: Auf kurz oder lang wird er öffentlich belangt und durch den Verlust von Vertrauen, von Wählerstimmen oder gar Rücktritt bestraft. Und ob es der CEO einer Firma in New York, Tokio, Singapur oder Frankfurt ist: Er muss normalerweise mit dem Verlust seiner Glaubwürdigkeit und gesetzlichen Sanktionen rechnen, wenn schon die Sanktion des eigenen schlechten Gewissens keinen Erfolg hatte. Und ob ein hoher Politiker oder Kirchenmann eine Frau vergewaltigt oder ein Kind missbraucht: Er findet in der Öffentlichkeit keine Gnade, ungeachtet dessen, ob er am Ende dafür juristisch belangt werden kann oder nicht.

(3) Nur bezüglich der elementaren Moral ist ein globaler Konsens möglich und notwendig

Bezüglich der *elementaren Moral*, die sich auf einige grundlegende Forderungen beschränkt, ist ein globaler *Konsens möglich*. Nur eine solche elementare Moral kann auch von anderen Nationen, Kulturen und Religionen erwartet und weltweit befördert werden: Schutz des Lebens, der Gerechtigkeit, Geschlechtlichkeit und Wahrheit. Hier geht es um den Anspruch einer »Moral pur«, der nie aufgegeben werden darf.

Bezüglich der kulturell *differenzierten Moral*, die notwendig zahlreiche kulturspezifische Elemente enthält (bestimmte Formen der Demokratie oder der Pädagogik), ist ein *Konsens nicht nötig*. Auch sollten in umstrittenen konkreten Fragen wie Abtreibung oder Sterbehilfe keine gleichmachenden Forderungen an andere Nationen, Kulturen und Religionen nach gleicher moralischer Bewertung und Praxis erhoben werden.

(4) Konkrete Normenkonflikte erfordern eine Güter-abwägung

Das Weltethos meint nicht eine reine Normenethik, sondern eine Verantwortungsethik, die nicht nur ethische Normen beachtet, sondern auch die Folgen, welche die Beachtung der Normen nach sich ziehen kann. Eine Norm ohne die Situation ist hohl. Eine Situation ohne Norm blind. In der konkreten Situation sind ein Normenkonflikt und eine Pflichtenkollision nicht selten; ja meist ist die Regel: Es gibt selten ein Schwarz oder Weiß, ein Richtig oder Falsch. Da müssen der Betroffene oder die Betroffenen nach ihrem Gewissen eine Güterabwägung vornehmen, welche die Normen nicht außer Kraft setzt, aber doch das höhere Gut (zum Beispiel zu NS-Zeiten das Leben eines versteckten Juden) vor dem niedereren (der Staatspolizei die Wahrheit zu sagen) bevorzugt. Von daher ist auch verständlich und moralisch vertretbar, dass ein Mensch zur Beendigung einer politischen Tyrannei sein Leben und das anderer riskiert (Hitler-Attentat). Aber auch wenn es nicht um große Fragen von Leben und Tod geht, in den Alltagsentscheidungen eines Managers, bei der Berichterstattung eines Journalisten, im Interessenausgleich des täglichen Zusammenlebens: Es muss meist abgewogen werden zwischen konkurrierenden Gütern und Interessen, und dafür braucht es Maßstäbe – ohne Maßstäbe keine ethische Haltung.

(5) Ethische Regeln lassen sich von der Vernunft ohne Rückgriff auf eine transzendente Instanz entwickeln und leben

Viele ethisch denkende und lebende aufgeklärte Zeitgenossen verzichten auf eine religiöse Begründung des Ethos, weil sie selbst nicht religiös sind. Allzu oft hat Religion zu Rigorismus, Obskurantismus, Aberglauben und Volksverdummung geführt, als »Opium« gewirkt. Deshalb können und sollten auch religiöse Menschen nicht bestreiten, dass viele Menschen auch ohne Religion über eine ethische Grundorientierung verfügen und ein moralisches Leben führen können. Tatsächlich waren es in der Neuzeit oft mehr nichtreligiöse als religiöse Menschen, die sich für Menschenwürde und Menschenrechte, für Gewissens- und Religionsfreiheit eingesetzt haben und so auch für religiöse Menschen zum Vorbild geworden sind.

Grundsätzlich muss betont werden, dass dem Menschen als Vernunftwesen eine wirkliche menschliche Autonomie zukommt, die ihn auch ohne Gottesglauben ein Grundvertrauen in die Wirklichkeit realisieren und seine Verantwortung in der Welt wahrnehmen lässt: seine Selbstverantwortung und Weltverantwortung. Der Philosophie ist es seit Aristoteles und der Stoa gelungen, auf der Basis der Vernunft Ziele und Prioritäten, Werte und Normen, Ideale und Modelle, Kriterien für wahr und falsch zu entwickeln, zu konkretisieren und zu realisieren. Im nachfolgenden Kapitel wird näher darauf einzugehen sein.

*(6) Eine rational abstrakte Argumentation kann allerdings
Menschen verschiedener Kulturen und Milieus nur
schwer überzeugen*

Die begründungsorientierte Diskursethik von *Karl-Otto Apel*
(geb. 1922) und *Jürgen Habermas* (geb. 1929) betont mit
Recht die Bedeutung des rationalen Konsenses und Diskurses. Sie meinen indessen, in vermeintlicher Kontextunabhän-
gigkeit, von der menschlichen Kommunikations- und Argumentationsgemeinschaft her Normen entwickeln zu können,
die unbedingt gelten sollen. Die angeblich für die Öffentlichkeit entwerteten religiösen Gründe und Interpretationen der
Moral sollen ersetzt werden durch den rationalen Diskurs,
durch das regelgerechte Sprachspiel, durch den »Zwang des
zwanglosen Arguments«. Gewiss, auch jede religiöse Argumentation setzt auch ein rationales Engagement voraus,
aber angesichts der konkreten Lebensrealität erscheint es
fragwürdig, mit Hilfe eines abstrakten rationalen Diskurses
ein Ethos global (sozusagen bis ins letzte indische oder afrikanische Dorf) durchsetzen zu wollen. Philosophisch lassen
sich Normen als gut begründet und verpflichtend aufzeigen.
Religion jedoch kann, richtig verstanden, ein Mehr an Motivation erbringen, und nur religiös – mit Verweis auf eine
unbedingte Instanz – können Normen unbedingte Gültigkeit beanspruchen.

*(7) Eine ethische Koalition von religiösen und nichtreli-
giösen Menschen und Gruppierungen ist eine gesell-
schafts- und weltpolitische Notwendigkeit*

Die globalen Herausforderungen – die politischen, sozialen,
ökologischen, kulturellen und individuellen – haben durch
die rasante wissenschaftlich-technologisch-industrielle Ent-

wicklung eine derartige Komplexität und Dringlichkeit angenommen, dass sie nur in Zusammenarbeit der verschiedenen gesellschaftlichen Gruppierungen, der religiösen wie der nichtreligiösen, bewältigt werden können. Ein gemeinsames Ethos ist dafür grundlegend: Friedliches Zusammenleben erfordert die Übereinkunft, Konflikte zwischen Nationen, Ethnien und Religionen gewaltfrei lösen zu wollen. Eine gerechte Wirtschafts- und Rechtsordnung erfordert den Willen, sich an eine bestimmte Ordnung und an bestimmte Gesetze zu halten. Die Institutionen auf lokaler, regionaler, nationaler und internationaler Ebene können nur funktionieren mit der zumindest stillschweigenden Zustimmung der betroffenen Bürger und Bürgerinnen. Ein gutes Zusammenleben in der Familie, beim Sport oder am Arbeitsplatz erfordert ein Minimum an gegenseitigem Respekt und die Bereitschaft, einander fair und anständig zu begegnen. Doch der Verlust der alten Orientierungstraditionen und Orientierungsinstanzen führte in vielen Gesellschaften zu einer tiefgreifenden Orientierungskrise und zur Gefahr eines Sinn-, Werte- und Normenvakuums, das zu Egoismus und Gleichgültigkeit und nicht selten zu trivialem Nihilismus und diffusem Zynismus führen kann. Deshalb sollten wir auch die traditionellen Frontstellungen – Konservative gegen Liberale, Klerikale gegen Laizisten, Propagandisten eines vormodernen »christlichen« Europa gegen Apologeten eines rein säkularen Europa – hinter uns lassen und überwinden.

Auch der Streit über den Ursprung der Menschenrechte relativiert sich, wenn man ein Doppeltes bedenkt: Die Ausformulierung der unantastbaren und unverlierbaren Menschenrechte und Menschenwürde ist unbestritten ein epochaler Verdienst der europäischen Aufklärung (Enlightenment, Les Lumières) im 17./18. Jahrhundert. Aber diese konnte sich in Europa und nur in Europa entwickeln aufgrund des jüdisch-griechisch-christlichen Erbes (der Mensch als Individuum, Person, Ebenbild Gottes) – von Platon, Aristoteles und den Stoikern über Thomas von Aquin bis zu den Beiträgen der spanischen Barockscholastik zum Völkerrecht (Vitoria, Las Casas).

(8) Religiöse Traditionen sind nicht zu ignorieren, sondern kritisch zu reflektieren

Die Kulturanthropologie lehrt uns, wie wir noch genauer sehen werden: Die konkreten ethischen Normen, Werte und Einsichten haben sich allmählich – in einem höchst komplizierten sozio-dynamischen Prozess – herausgebildet. Je nachdem, wo sich Bedürfnisse des Lebens anmeldeten, wo sich zwischenmenschliche Dringlichkeiten und Notwendigkeiten zeigten, da drängten sich von Anfang an Handlungsorientierungen und -regulative für menschliches Verhalten auf: bestimmte Konventionen, Weisungen, Sitten, also ethische Maßstäbe, Regeln, Normen, die in der Menschheit überall im Lauf der Jahrhunderte und Jahrtausende erprobt wurden. Dabei ist es auffällig, wie bestimmte ethische Normen sich überall auf der Welt gleichen. Historische Tatsache ist ebenfalls: Durch Jahrtausende hindurch waren die Religionen jene Orientierungssysteme, welche die Grundlage für eine bestimmte Moral bildeten, sie legitimierten, motivierten und oft auch durch Strafen sanktionierten. Es wird darauf noch einzugehen sein.

Ursprünglich haben zur Reflexion dieser Fragen und zur Orientierung der Menschen Philosophie und Religion, Philosophie und Theologie mehr in geschlossenen Kulturräumen und in einer Symbiose gelebt. Diese lässt sich heute kaum wieder herstellen, und ethische Fragen gehen heute weit über den Rahmen von Philosophie und Religion oder einzelne Kulturen hinaus. Deshalb empfiehlt sich eine intensivere Zusammenarbeit aller einschlägigen Disziplinen im Blick auf dieselbe Hoffnungsvision. »*To make the world a better place*«: Für die Verwirklichung dieser Hoffnungsvision muss Grundlage sein der Bewusstseinswandel zu einem humanen Ethos – im Dienst einer Kultur der Gewaltlosigkeit und Ehrfurcht vor allem Leben, der Solidarität und einer gerechten Wirtschaftsordnung, der Toleranz und eines Lebens in Wahrhaftigkeit, der Gleichberechtigung und der Partnerschaft von Mann und Frau, gegen alle Formen der Inhumanität.

II. Wie wird Weltethos begründet?

Es gibt in der Praxis sehr verschiedene Begründungen für ein gemeinsames Ethos. Ich unterscheide sieben Begründungen: pragmatische, philosophische, kulturanthropologische, politische, juristische, physiologisch-psychologische und religionswissenschaftliche. Der »persönliche Hintergrund«, der den Leser interessieren dürfte, ist, wie in der Einleitung angemerkt, nicht autobiographisch zu verstehen (der dritte Band meiner Memoiren wird darüber genaue Auskunft geben), sondern »forschungsgeschichtlich«: als knappe Rechenschaft über Vorarbeiten und Vorereignisse. Es möge deutlich werden, dass es sich im Folgenden nicht um leichtfüßig ad hoc formulierte Thesen, sondern um lange und hart erarbeitete und in vielen Auseinandersetzungen erprobte Erkenntnisse handelt. Ich setze ein mit einer pragmatischen Begründung, die auf viele Weisen möglich ist. Als Beispiel wähle ich den in letzter Zeit durch allerlei Skandale erschütterten Sport.

1. Pragmatische Begründung:
Gelingt Zusammenleben ohne ethische Maßstäbe?

Persönlicher Hintergrund: Am Anfang dieser Überlegungen stand ein Vortrag über Sportrecht meines rotarischen Freundes Dr. Alfred Sengle, Gerichtspräsident und Syndikus des Deutschen Fußballbundes (DFB). Noch vor verhältnismäßig wenigen Jahren ein relativ bescheidener Teil des Rechtes, hatte sich das Sportrecht in jüngster Zeit massiv ausgedehnt: Für manche Sportarten umfasst das Sportrecht bereits ganze Bücher.

Meine Frage in der Diskussion war, ob man nur durch noch mehr Paragraphen all den neuen Problemen und auch Skandalen etwa des Fußballs ausreichend an der Wurzel begegnen könne. Dr. Sengle sah durchaus die Gefahr der Verrechtlichung und die Notwendigkeit des Ethos, ohne welches das Recht kaum funktionieren kann. Er stellte für mich die Verbindung zum DFB und zugleich zum Deutschen Evangelischen Kirchentag her, auf dem am 27. Mai 2005 in Hannover die Thematik Ethos und Sport zur Debatte stehen sollte. DFB-Präsident Dr. Theo Zwanziger war daran interessiert, dass der DFB nicht nur sportliche Erfolge mit Aushängeschildern wie den Nationalmannschaften anstrebt, sondern sich an der Basis und im Alltag in seinen Verbänden und Vereinen stets auch einem moralischen Anspruch verpflichtet fühlt. Es ging ihm darum, den Sport und dessen Popularität in der Bevölkerung als soziale und gesellschaftliche Kraft zu nutzen, im Sinne von Integration, Toleranz, Respekt, Gerechtigkeit und Fairplay über Alters-, Glaubens- und Staatsgrenzen hinaus.

So hielt ich denn am 27. Mai 2005 auf dem Kirchentag in einer großen Messehalle das Eröffnungsreferat für das Forum über »Welt-Sport-Ethos«. Meine Denkanstöße wurden in den anschließenden Diskussionen und Interviews aufgenommen und vertieft. Die prominenten Gäste – IOC-Mitglied (und

*späterer Präsident des Deutschen Olympischen Sportbundes)
Dr. Thomas Bach, Nationalspieler Per Mertesacker, Schieds-
richter Lutz-Michael Fröhlich, die ehemalige Präsidentin des
Bundes Deutscher Radfahrer Sylvia Schenk, der in Fragen der
Gewaltforschung von jeher äußerst profilierte Diplom-Sozio-
loge Gunter A. Pilz und DFB-Trainer Joachim Löw – bezogen
dabei pointiert Position und gaben Einblicke in persönliche
Erfahrungen.*

*Am 27. September desselben Jahres nahm ich in der Frank-
furter Paulskirche an einer Podiumsdiskussion des Internationalen Olympia-Forums teil, bei der zuerst der Präsident
des Internationalen Olympischen Komitees IOC, Dr. Jacques
Rogge, sprach. Hier konnte ich die offensichtlichen Parallelen
zwischen der Olympischen Charta und dem Ethik-Code der
IOC-Ethikkommission einerseits und der Weltethos-Erklärung
andererseits aufzeigen: die Olympische Ethik ist eine interkulturelle Ethik. Die Diskussion verlief so gut, dass ich Jacques
Rogge anschließend einlud, die Weltethos-Rede an der Universität Tübingen zu halten. Am 10. Mai 2006 sprach er im
Festsaal der Universität über das Thema »Global Sport and
Global Ethic«. Ich meinerseits habe die Probleme nochmals
systematisch durchgedacht, um auf diese Weise eine pragmatische Begründung eines Weltethos zu formulieren.*

*(1) Jedes Spiel – vom Schachspiel bis zum Fußball – bedarf
der Regeln*

Kein Fußballspiel ohne Spielregeln. Nur durch Spielregeln
entsteht jener Raum der Freiheit, in dem sich das Spiel entwickeln kann. Und gerade Fußball zeigt, wie auch andere
Mannschaftsspiele, dass nur durch die Einhaltung der Regeln ein gutes, faires, schönes Spiel zustande kommt. Regeln
nicht als Belastung, sondern als Befreiung!

(2) Fairplay, ein regelgerechtes Spiel, setzt die Beachtung ethischer Normen voraus

Schiedsrichter, üblicherweise Muster von Fairness, haben in jüngster Zeit durch Korruption und Manipulation von Spielergebnissen einen bisher untadeligen Berufsstand unter Generalverdacht gebracht. Radrennfahrer und ihre medizinischen, sportlichen und psychologischen Betreuer lassen durch pharmazeutische Manipulationen nicht nur einzelne Vertreter des Radsports als Betrüger und Lügner erscheinen, sondern haben den Profiradsport als Ganzen als unsportlich, unfair, unmoralisch in Misskredit gebracht. Es geht hier nicht nur um Verletzungen des Sportrechts, das in den letzten Jahrzehnten immer detaillierter und komplizierter geworden ist, sondern um die Verletzung *elementarer Grundwerte menschlichen Anstands*: Wahrhaftigkeit, Gerechtigkeit, Solidarität, Humanität. Es geht um den Verrat an der Idee, dem Geist des Sports, der immer öfter kommerziellen Interessen geopfert zu werden droht.

Echtes »Fairplay« meint mehr als nur die durch Androhung von Sanktionen erzwungene Beachtung der sportspezifischen Regeln. Fairplay meint »eine übergreifende, ethischen Prinzipien verpflichtete Geisteshaltung, die diese Regeln auch innerlich bejaht, den selbstverständlich mit allen Mitteln angestrebten Erfolg nicht um jeden Preis erzielen will, im Gegner nicht den Feind sieht, den es mit allen Mitteln zu besiegen gilt, ihn vielmehr als Partner im sportlichen Wettbewerb achtet, ihm deshalb das Recht auf Chancengleichheit, auf Respektierung seiner körperlichen Integrität und seiner menschlichen Würde unabhängig von Nationalität, Rasse und Herkunft zubilligt.« (»Karlsruher Erklärung zum Fairplay« des Konstanzer Arbeitskreises für Sportrecht 1998).

(3) Der globale Sport braucht ein globales Ethos

Der Sport hat zwar eigene Regeln, braucht aber keine Sonderethik. Er braucht sich nur an die allgemeinen Grundsätze zu halten, die für alle Bereiche des Lebens – für Politik, Wirtschaft, Kultur, öffentliches und privates Leben – gelten. Diese ethischen Regeln, die sich in der Menschheit langsam durchgesetzt haben und von den verschiedenen religiösen und philosophischen Traditionen formuliert und angemahnt werden, verstehen sich in der heutigen säkularisierten, individualistischen und pluralistischen Welt vielfach nicht mehr von selbst. Sie müssen wieder neu zum Bewusstsein gebracht werden, angefangen bei Familie, Kindergarten und Schule.

Für eine Zeit, die eine noch nie dagewesene Globalisierung des Sports erfährt, die auch die kleinsten Nationen dieser Erde erfasst hat, braucht es jedoch *globale Regeln*, die für den Fußball, den verbreitetsten und beliebtesten Breitensport, ganz selbstverständlich sind. Ohne sie würden kein UEFA-Cup oder Champions League, keine Weltmeisterschaft und keine Olympischen Spiele stattfinden können. Diese globalen Spielregeln funktionieren aber nur, wenn sie getragen und gestützt sind durch die allgemeinen *ethischen Regeln der Menschlichkeit*. Sonst werden Sportler und Funktionäre immer wieder versuchen, die geschriebenen Sportregeln zu umgehen, zu ignorieren, zu unterminieren. Der globale Sport braucht also ein globales Ethos, der Weltsport braucht ein Weltethos.

(4) Die vier Imperative der Menschlichkeit finden auch im Sport ihre Anwendung

In meiner Rede zu »Welt-Sport-Ethos« habe ich diese vier Imperative folgendermaßen erklärt:

»Ein Erstes: Wir alle, die wir den Sport lieben, erschrecken immer wieder über das Ausmaß an *Gewalt*, das der Sport freisetzen oder auf sich ziehen kann. Auf dem Spielfeld wird der Gegner oft genug zum Feind, den es mit allen Mitteln zu bekämpfen gilt. Einsatz von Gewalt verletzt oft die körperliche Integrität des Mitspielers. Sportliche Großveranstaltungen ziehen gewaltbereite Gruppen auf sich. Das Ausmaß an verbaler und körperlicher Aggression reißt Abgründe auf. Gegner werden provoziert, diffamiert. Fans werden gewalttätig gegeneinander oder gar gegen die Spieler. Fremdenfeindliche Aggressionen toben sich aus.

Es ist daher ein uralter, von allen Religionen und natürlich auch vom Christentum vertretener universaler Imperativ der Menschlichkeit in Erinnerung zu rufen: Du sollst *nicht töten*, nicht verletzen, quälen, foltern. Vielmehr positiv: Hab *Ehrfurcht vor dem Leben*! Auch der Fußball, der Sport ganz allgemein ist angewiesen darauf und soll beitragen zu einer Kultur der Gewaltlosigkeit und der Ehrfurcht vor dem Leben.

Ein Zweites: Wir alle, die wir den Sport lieben, wissen, was das bedeuten kann: Ein Spiel, ein Wettkampf, ein Wettrennen wird gewonnen durch Korruption, bewusste Täuschung, durch eine falsche Entscheidung des Schiedsrichters oder die Parteilichkeit der Jury, durch irgendeine Form von Ungerechtigkeit.

Hier ist der uralte, von allen Religionen vertretene universale Imperativ der Menschlichkeit in Anschlag zu bringen: *Nicht stehlen*, betrügen, bestechen, korrumpieren. Oder positiv: *Handle gerecht und fair*! Auch der Fußball, der Sport ganz allgemein ist angewiesen darauf und soll beitragen zu einer Kultur der Solidarität und einer gerechten Weltordnung.

Ein Drittes: Wir alle, die wir den Sport lieben, wissen sofort, was gemeint ist, wenn gesagt wird: Er/sie hat jemanden um den Sieg betrogen – etwa durch Doping, durch unfaires Verschaffen von Vorteilen, durch Verweigerung der Chancengleichheit, durch Verletzen beim Spiel, durch irgendeine Art von Unredlichkeit.

Wichtig ist da der uralte, von allen Religionen vertretene universale Imperativ der Menschlichkeit: *Nicht lügen*, täuschen, fälschen, manipulieren. Oder positiv: *Rede und handle wahrhaftig*! Auch der Fußball, der Sport ganz allgemein ist angewiesen darauf und soll beitragen zu einer Kultur der Wahrhaftigkeit, in der jeder Mensch ein Recht hat auf Wahrheit und Wahrhaftigkeit.

Ein Viertes: Wie lange hat es gedauert, dass im Sport wirkliche *Geschlechtergleichheit* herrschte. In manchen Sportarten ist sie schon vollkommener verwirklicht als in anderen. Wie sehr haben Frauen um gleiche Chancen kämpfen müssen. Wie sehr haben sie in bestimmten Sportarten Verachtung, Geringschätzung auf sich gezogen. Wie wenig wurden sie in ihrem sportlichen Leistungsvermögen ernstgenommen.

Hier muss dem universalen, von allen Religionen heute vertretenen Imperativ Respekt verschafft werden: Das *andere Geschlecht nicht verachten*, missbrauchen, erniedrigen, entwürdigen, sondern positiv: *Achtet und liebet einander*! Auch der Fußball, der Sport soll beitragen zu einer Kultur der Gleichberechtigung und der Partnerschaft von Mann und Frau.«

2. Philosophische Begründung:
Inwiefern spricht die Vernunft für ein Weltethos?

Persönlicher Hintergrund: Es war seit jeher meine Überzeugung, dass nicht nur die Religion, sondern auch die Philosophie ein gemeinsames elementares Grundethos der Menschen

begründen kann und soll. Vor meinem Theologiestudium hatte
ich in Rom mit Leidenschaft sechs Semester Philosophie studiert
und über Jean-Paul Sartres Existenzialismus als Humanismus
meine philosophische Lizentiatsarbeit geschrieben (1951). Nach
meinem theologischen Doktorat habe ich mich eingehend mit
Hegels Philosophie beschäftigt (vgl. »Menschwerdung Gottes«
1970). Seither habe ich mich immer wieder mit großen Philo-
sophen der Moderne befasst. Und so habe ich denn schon 1978
in meinem primär philosophischen Buch »Existiert Gott? Ant-
wort auf die Gottesfrage der Neuzeit« in einem Kapitel über
»Grundvertrauen als Basis der Ethik« ausführlich begründet:
Auch nichtreligiöse Menschen können ihr Leben an ethischen
Werten orientieren. Alle diese Impulse gingen mit vielen ande-
ren ein in das Buch »Projekt Weltethos« (1990).

Ich bin meinem Kollegen Hans-Martin Schönherr-Mann,
Professor für Politische Philosophie an der Universität Mün-
chen, dankbar, dass er aufgrund seiner souveränen Kenntnis
der allerneuesten Philosophiegeschichte fähig war, in seinem
Buch »Miteinander leben lernen. Die Philosophie und der
Kampf der Kulturen« (München 2008) anhand der bedeu-
tendsten Philosophen des 20. Jahrhunderts die philosophischen
Voraussetzungen für das Weltethos konkret zu erörtern. Ver-
schiedene philosophische Zugänge zum Weltethos hat Schön-
herr-Mann dann in einem weiteren Werk »Globale Normen
und individuelles Handeln. Die Idee des Weltethos aus eman-
zipatorischer Perspektive« (Würzburg 2010) entwickelt. An
seine beiden Bücher halte ich mich zunächst.

(1) Voraussetzungen für das Projekt Weltethos in der
Philosophie des 20. Jahrhunderts

Im Sinn des Pragmatismus von *William James* und *John*
Dewey ließ sich der Standpunkt vertreten: Angesichts des

weltanschaulichen Pluralismus soll man unlösbare Fragen vermeiden und keine Überwindung der rivalisierenden Weltbilder und Ideologien oder gar eine Einheit der Religionen anstreben. Vielmehr soll man, ungeachtet aller ideologischer Differenzen, durch die pragmatische Lösung dringender Probleme die Gegensätze zwischen den Weltbildern mildern. Dies könnte langfristig Gemeinsamkeiten auch und gerade im Ethos herstellen. Der Krieg der Weltbilder bzw. Ideologien sollte so jedenfalls befriedet werden.

Aber bei diesem pragmatischen Standpunkt war die wachsende Verantwortung des Menschen nicht genügend zur Geltung gekommen. Insofern war von vornherein klar, dass das Projekt Weltethos mehr auf der Linie der Verantwortungsethik *Max Webers* liegen musste, der die richtige Gesinnung nicht ausklammern, aber die Aufmerksamkeit auf die verantwortbaren Folgen konzentrieren wollte. Dabei war zu beachten, dass *Jean-Paul Sartre* schon früh die gesamte Welt des Menschen als Geltungsbereich der Verantwortung gesehen hat. Angesichts der ungeheuren neuen Möglichkeiten der modernen Technologie hat dann *Hans Jonas* die Verantwortung des Menschen auf die ganze Biosphäre ausgedehnt und gefordert, die gefährlichen Folgen des technologischen Handelns auch für die künftigen Generationen zu bedenken: eine Verantwortung des Menschen für Umwelt und Nachwelt.

Das »Prinzip Verantwortung« von Jonas und das »Prinzip Hoffnung« Ernst Blochs, das den Weg in ein ökologisches und globales Denken weist, können sich ergänzen. Bei dieser Verantwortung steht die zwischenmenschliche Situation im Zentrum: Die Andersheit und Fremdheit des Anderen muss beachtet und auch noch Rücksicht auf die Feinde genommen werden; dies hat *Emmanuel Lévinas* herausgearbeitet. Und es war dann *Hannah Arendt*, die auf der Suche nach Kompetenzen für verantwortungsvolle Kommunikation besonders die erweiterte Denkungsart, Einbildungskraft und Gemeinsinn gefordert hat, wobei ihr die Tugend der Wahrhaftigkeit besonders wichtig war, weil sie sich um die Wahrheit der Tatsachen bemüht, ohne die eine offene Kommunikation zwischen den Menschen unmöglich ist.

Für einen Weltethos-Diskurs ist die grenzenlose Kommunikation Voraussetzung. *Karl Jaspers* hat die Universalität der Vernunft betont und hat Weltphilosophie und Weltreligionen zusammen in die Suche nach globaler und interkultureller Kommunikation einzubeziehen versucht. Und es war schließlich *Hans-Georg Gadamer*, dem das methodische Durchdenken von Verstehen und Gespräch oblag, das Voraussetzung für ein gemeinsames Menschheitsethos ist. Allerdings bewegten sich Gadamer und seine Schüler in einer Welt der Grundsätze; es war notwendig, diese Denkwelt zu konkretisieren.

(2) Wie erreicht man Übereinstimmung?

Das Projekt Weltethos ist offen für eine rationale Begründung der Ethik, wie sie etwa *Karl-Otto Apel* (von der analytischen Philosophie herkommend) und *Jürgen Habermas* (von der Kritischen Theorie der Frankfurter Schule aus) unternehmen. Habermas versucht von der menschlichen Kommunikations- und Argumentationsgemeinschaft her Normen zu entwickeln, die auch in einer modernen Demokratie unbedingt gelten sollten: Die Vernunft ist Prinzip einer gewaltlosen Kommunikation. Auf argumentativem Weg soll in einem herrschaftsfreien Diskurs ein einigender gesellschaftlicher Konsens erreicht werden. Es besteht indes die Gefahr, dass die Modernisierung der Gesellschaft entgleist, die demokratische Bindekraft geschwächt und die vorausgesetzte Solidarität ausgezehrt wird. Religion, für die Frankfurter Schule ursprünglich ohne gesellschaftliche Relevanz, gewinnt so für Habermas immer größere Bedeutung: für eine Aufklärung über uns selbst bezüglich der Bedingungen, die unser Leben menschenwürdig und nicht trostlos machen.

Es war aber der Amerikaner *John Rawls* (1921–2002), der in seiner politischen Philosophie der 1970er- und 80er-Jahre ein philosophisches Konzept entwickelt hat, das dem »Projekt Weltethos« (1990) weitgehend entspricht und sich doch von ihm unterscheidet (vgl. *J. Rawls*, »A Theory of Justice«, Cambridge/Mass. 1971).

Nun kann man der Meinung sein, die beiden Konzepte würden trotz unterschiedlicher Wege vergleichbare Ziele verfolgen und sich ergänzen. Auch Rawls versucht ja einen übergreifenden Konsens über faire Prinzipien des Zusammenlebens philosophisch zu konstruieren. Aber man darf in aller Bescheidenheit der Meinung sein, dass das Weltethos in wichtigen Punkten Rawls' »Theorie der Gerechtigkeit« überlegen ist. Denn:

– Rawls' Konzept politischer Gerechtigkeit, verstanden als Fairness, konzentriert sich auf die Ebene des Rechts, von der er ethische Regeln deduziert. Das Weltethos aber bezieht von vornherein die ethische Dimension mit ein.

– Rawls abstrahiert bewusst von konkreten Kontexten und Situationen, bleibt generell und institutionell. Das Weltethos aber ist mehr konkret und individuell ausgerichtet.

– Rawls' Theorie ist programmatisch säkularistisch und will, im Gegensatz gerade zu Habermas, religiöse Argumente aus der politischen Debatte ausschließen. Das Weltethos jedoch argumentiert zwar säkular, bleibt aber offen für die Religionen, ohne parteiisch zu sein gegenüber einer bestimmten Religion oder nichtreligiösen Weltanschauung.

– Rawls' Theorie der Gerechtigkeit beschränkt sich auf die nationale Perspektive; erst zwei Jahrzehnte später versuchte er, nicht ganz überzeugend, seine Theorie auch auf die Prinzipien und Normen des internationalen Rechts und der internationalen Beziehungen auszuweiten (vgl. *J. Rawls*, »The Law of Peoples«, New York 1999). Das Weltethos hat von vornherein eine globale Perspektive.

Dem Projekt Weltethos geht es um das bereits auffindbare Mindestmaß an gemeinsamen Vorstellungen vom Guten in den verschiedenen Weltanschauungen. Es geht um konkrete gemeinsame ethische Maximen für das Handeln des Einzelnen und das Funktionieren der Institutionen. Weltethos meint nicht einen ethischen Totalkonsens und schon gar nicht eine einzige Weltreligion, Weltkultur oder Weltideologie, sondern »nur« einen Grundkonsens. Es geht um ein Kernethos einiger weniger elementarer sittlicher Werte, Maßstäbe, Haltungen, die sich trotz aller unübersehbarer Unterschiede in allen großen religiösen und philosophischen Traditionen finden.

(3) Pragmatische Anerkennung

Nun könnte man die verschiedenen philosophischen Ethiken auf die ihnen zugrunde liegenden Normen hin untersuchen. Möglicherweise stimmen sie mit denen des Weltethos mehr oder weniger überein. Aber angesichts einer möglichen Uneinigkeit der Philosophen und angesichts der Abstraktheit ihrer von der Allgemeinheit meist kaum verstandenen ethischen Traktate empfiehlt Hans-Martin Schönherr-Mann, pragmatisch den empirischen Befund aus der Religionsgeschichte anzuerkennen: »Angesichts dessen, dass ein solches Konzept für ein Weltethos bereits vorliegt, dem obendrein die Vertreter der Weltreligionen auf ihrem Kongress 1993 in

Chicago zustimmten, sollte man philosophisch eher prüfen, ob man den dort propagierten ethischen Orientierungen nicht zustimmen kann. Im Zentrum der *Weltethos-Erklärung* stehen nämlich folgende vier Prinzipien: Gewaltlosigkeit und Ehrfurcht vor dem Leben verbunden mit dem Gebot, nicht zu töten; Solidarität und eine gerechte Wirtschaftsordnung verbunden mit dem Gebot, nicht zu stehlen; Toleranz und Wahrhaftigkeit verbunden mit dem Gebot, nicht zu lügen; Gleichberechtigung und Partnerschaft von Mann und Frau verbunden mit dem Gebot, keine Unzucht zu treiben.«

Dazu kommt noch, dass heutige Philosophen eine philosophische Letztbegründung der elementaren ethischen Normen oft nicht liefern wollen oder können. Deshalb wäre es denkbar, zunächst pragmatisch – nicht zuletzt im Hinblick auf die gegenwärtige Weltsituation – von einem globalen Konsens über weltethische Grundnormen auszugehen. Das schließt nicht aus, dass die philosophische Vernunft sich selber um die (faktisch vorletzte) Begründung von Grundnormen der Menschlichkeit und einen Konsens darüber bemüht. Das wäre ein wichtiger Beitrag zum Weltethos. Religiöse und philosophische Begründung können sich ergänzen: die Philosophie kann religiöse Normen kritisch überprüfen, präzisieren, korrigieren und konkretisieren. So weist zum Beispiel heutige Sprachphilosophie darauf hin, dass für menschliche Kommunikation (und schon für das Lernen von Sprache durch Kleinkinder) Wahrhaftigkeit, Vertrauen, Verlässlichkeit vorausgesetzt sind. Doch haben sich für das menschliche Zusammenleben noch andere lebenswichtige Regeln, Maßstäbe, Normen entwickelt, wie die Kulturanthropologie aufgewiesen hat.

3. Kulturanthropologische Begründung:
Seit wann gibt es ein Weltethos?

Persönlicher Hintergrund: Wer die Gegenwart verstehen will, sollte die Geschichte kennen, und zwar möglichst von den Anfängen her. An den Ursprüngen der Menschheit war ich schon seit meiner Auseinandersetzung mit Sigmund Freuds Religionskritik (vgl. »Existiert Gott?« 1978, Kap. C III) lebhaft interessiert. Und meine Trilogie über die drei abrahamischen Religionen begann ich im Band über das Judentum (1991) mit einer »kleinen welthistorischen Betrachtung«: Die Welt existiert der astrophysikalischen Forschung zufolge seit mehr als 13 Milliarden Jahren. Menschliche Wesen gibt es vielleicht seit 1.500.000 Jahren auf unserem Planeten. Möglicherweise seit 200.000 Jahren, seit der Altsteinzeit, gibt es den Homo sapiens, wie sich der heutige Mensch voller Stolz nennt. Zeugen dieser Steinzeit sind uns noch die »Ureinwohner« oder »Indigenous Peoples« des amerikanischen Kontinents oder auch in Australien, Polynesien und Melanesien. Ich lernte sie auf früheren Reisen kennen.

Intensiver beschäftigen konnte ich mich mit der Frage der Ureinwohner erst im Zusammenhang von Reisen nach Neuguinea, in den Norden Australiens und nach Afrika. Wichtig war für mich die Einsicht, dass es offensichtlich auch auf dem entlegenen Hochland von Neuguinea keine Gesellschaft, Dorfgemeinschaft, Familienverbände gibt ohne ein bestimmtes Instrumentarium an Normen, Gesetzen und Regeln, die das menschliche Zusammenleben regeln. Ein einsamer, auf der Landstraße marschierender Neuguineaner, der neben seinem Lendengürtel nur ein Steinbeil trug, erinnerte mich zum Beispiel daran, dass nicht nur der Schutz des Lebens, sondern auch der Schutz des Eigentums und schließlich auch der Schutz der geschlechtlichen Beziehungen selbst für diese »archaischen« Gesellschaften von grundlegender Bedeutung ist.

Es war diese Einsicht, die mich später von einem Ur-Ethos sprechen lässt, nicht aber von einer Ur-Religion. Die im 19. Jahrhundert mit Leidenschaft geführte Debatte um die Ur-religion hatte mit einem Unentschieden geendet zwischen den einen, die eine Degenerationstheorie von einem monotheistischen Höhenanfang der Menschheit vertraten, und den anderen, die von einer Evolutionstheorie und einem animistischen Tiefenanfang ausgehen wollten. Heute besteht unter Forschern Übereinstimmung, dass Phänomene und Phasen einander durchdringen. Eine Urreligion ließ sich nicht finden, Religion zeigt sich überall in anderen Formen. Zu vielfältig und zu vielschichtig ist die Entwicklung von Religion. Anders verhält es sich mit einem Ur-Ethos, wie sich mir immer deutlicher zeigte. Eine knappe systematische Zusammenfassung muss hier genügen (vgl. »Der Anfang aller Dinge« 2005, Kap. E):

(1) Der Mensch ist aus dem Tierreich hervorgegangen, hat darin aber eine Sonderstellung

Der Mensch hat von seiner Entwicklung her vieles gemeinsam mit seinen nächsten Verwandten, den Menschenaffen: von der Chromosomenzahl über die Zahnstellung und die Entfaltung des Gehirns bis zu seinem Sozialverhalten und gewissen Vorstufen einer Ich-Vorstellung.

Trotzdem kann die Sonderstellung des Homo sapiens, des Menschen, wie er heute ist, im Tierreich nicht bestritten werden: Ihn zeichnete von Anfang an der aufrechte Gang (bei senkrecht gehaltenem Rumpf) aus – in unseren Tagen geradezu ein Symbol für eine ethische Haltung des Menschen. Den Homo sapiens kennzeichnet ein Selbstbewusstsein, das ebenfalls zum ethischen Begriff geworden ist: die Voraussetzung für eine komplexe syntaktische Sprache, die nur ihm eigen ist. Auf der Sprache beruht des Menschen Fähigkeit zu strategischem und abstraktem Denken und zur Selbstreflexion. Aber ihm eigen sind auch gerichtete Geisteszustände wie Liebe und Hass, Hoffnungen und Befürchtungen, Überzeugungen und Wünsche. Dies alles war Grundlage für eine kulturelle Höherentwicklung des Menschen und vor allem für ein humanes Ethos.

(2) Der Mensch ist von seiner Evolution her immer Geistwesen und Triebwesen

Der Mensch besitzt eine Doppelstruktur: eine »Spiritualität«, Geistigkeit, die aber immer auch eine »Leiblichkeit« einschließt. Deswegen ist keine »spiritualistische« Überheblichkeit des Menschen gegenüber dem Tier angebracht, aber auch keine »biologistische« Einebnung von Mensch und Tier. Die Entwicklung des Menschen verlief höchst komplex.

Die Evolutionsbiologen sagen uns: Von seinen Genen her war der Mensch zunächst *egoistisch orientiert* und musste es in frühen Phasen der Menschwerdung um seines Überlebens willen auch sein. Dass schon Gene »egoistisch« sind und neue Arten lediglich durch Zufall entstehen, ist freilich nur eine Seite der Struktur der Evolution. Die andere ist, dass neue Arten und Organismen nicht nur durch Selektion, sondern zugleich durch Kooperation, Kreativität und Kommunikation entstehen und sich nur so die Evolution immer weiter ausdifferenzieren konnte.

Schon bei höheren Tieren lässt sich ein genetisch angelegtes kooperatives Verhalten feststellen, vor allem unter Verwandten, die ähnliche Gene in sich tragen. Also eine Art *»gegenseitiger Altruismus«*. »Wie du mir, so ich dir«: Man leistet etwas in Erwartung einer Gegenleistung. Insofern ist ein rudimentäres ethisches Verhalten bereits in der biologischen Natur des Menschen verankert, seine Fähigkeit zur

Moral sozusagen angeboren. Viele naturwissenschaftliche Disziplinen beschäftigen sich heute mit diesen Fragen, und es kristallisiert sich immer mehr heraus: Der Mensch ist von seinem Wesen her vor allem auch auf Empathie und Kooperation angelegt und nicht nur auf simples egoistisches »Survival of the fittest«. Mit einer biologistisch-mechanistischen Interpretation allein ist die Herkunft der ethischen Werte und Maßstäbe des Menschen freilich noch keineswegs erklärt.

(3) Der Mensch musste lernen, sich menschlich zu benehmen

Die Soziologen betonen die soziokulturellen Faktoren, die für die ethische Entwicklung von Bedeutung sind. Beim Menschen und nur bei ihm findet sich mit der Sprachfähigkeit auch eine einzigartige Kooperationsfähigkeit, und diese musste sozial erlernt werden. Mit der Evolution des strategischen Denkens entwickelte sich auch die Fähigkeit zur *Empathie*: zu einem Mitempfinden mit Anderen in ihren Befürchtungen, Erwartungen und Hoffnungen, ja, vor allem im Familienverband, zu Selbstlosigkeit. Dies wurde für ein menschliches Sozialverhalten grundlegend. So haben sich im Lauf der Entwicklung moralische Emotionen und Intuitionen herausgebildet, die den moralischen Argumenten und Urteilen vorausgehen.

So lernte der Mensch von Urzeiten an langsam, sich *menschlich* zu benehmen. Der Mensch ist das einzige Lebewesen, das schon früh gesellschaftliche und kulturelle Normen aufzustellen und weiterzuentwickeln vermochte. Wo immer sich schon in der Frühzeit des Menschen Bedürfnisse des Lebens meldeten, wo immer sich zwischenmenschliche Dringlichkeiten und Notwendigkeiten zeigten, da drängten sich von Anfang an Handlungsorientierungen für menschliches Verhalten auf: bestimmte Konventionen und Sitten, also ethische Maßstäbe, Regeln, Normen, Weisungen. Solche wurden im Lauf der Jahrtausende überall in der Menschheit erprobt. Sie mussten sich in den aufeinanderfolgenden Generationen sozusagen einschleifen.

(4) *Schon die Ureinwohner verfügten über ein elementares Ethos, das ihnen ein Leben und Überleben ermöglichen half und das bis heute grundlegend für ein menschliches Miteinander ist: ein Ur-Ethos*

Gewiss entwickelten die Ureinwohner weder eine Schrift noch eine Wissenschaft noch eine komplexe Technologie. Doch ihr Denken ist durchaus logisch, plausibel, ja geprägt von Leidenschaft für eine Ordnung der Dinge wie der menschlichen Beziehungen. Natürlich waren diese Werte und Maßstäbe in den frühen (und auch noch heutigen) Stammeskulturen *ungeschriebene*, nicht satzhaft formulierte *Normen*. Sie wurden als Familien-, Clan-, Stammesethos überliefert in Geschichten, Parabeln, Gleichnissen, Bräuchen.

Doch es war kein Zufall, dass sich in den verschiedensten Regionen der Welt ähnliche Normen entwickelten. Sie konzentrierten sich auf vier lebenswichtige gesellschaftliche Bereiche.

– In erster Linie Schutz des *Lebens*: das Verbot, Menschen zu töten wie Tiere, es sei denn in bestimmten Ausnahmen (Konfliktregelung, Gewaltbestrafung).

– Regelungen zum Schutz der Beziehungen zwischen den *Geschlechtern*: Wer sich mit wem verheiraten darf, ist bis heute etwa bei den australischen Aborigines erheblich komplizierter als in modernen Gesellschaften.

– Regelungen zum Schutz des *Eigentums*: besonders seit der großen Umwälzung der Jungsteinzeit, als es neben Jägern, Fischern und Sammlern immer mehr sesshafte Ackerbauern und Viehzüchter gab und damit ein Streben nach Grundbesitz und privatem Eigentum.

– Regelungen zum Schutz der *Wahrheit*: Besonders in den Hochkulturen und Hochreligionen wurde immer deutlicher die Bedeutung von Wahrhaftigkeit und Verlässlichkeit erkannt, aber auch die der Achtung und Hochschätzung (»Ehre«) durch andere Menschen aufgrund bestimmter menschlicher Qualitäten. Dieses Wahrheitsverständnis findet sich besonders deutlich in der Hebräischen Bibel: »emet« meint »Treue, Beständigkeit, Zuverlässigkeit«.

Diese vier Gesichtspunkte sind grundlegend für das richtige Verständnis des Anliegens der Weltethos-Idee: Ethische Prinzipien und Werte müssen dem Menschen nicht oktroyiert, künstlich übergestülpt werden. Vielmehr entsprechen ethische Haltungen dem Menschen von seinem Wesen und seiner Entwicklung her und sollen für ein gelingendes Miteinander wieder neu bewusst gemacht werden.

Neuerdings achtet man auch in der Ethnologie, die verständlicherweise von Haus aus mehr auf die kulturellen Unterschiede ausgerichtet ist, vermehrt auf die *kulturellen Gemeinsamkeiten*, die sich bei allen Menschen finden: Gemeinsamkeiten in der Mimik (positives Lächeln, heruntergezogene Mundwinkel), Gestik (mäßigend Hände auf- und niederbewegen), soziales Verhalten (Klüngelbildung, Tratsch), Hierarchien (wichtige Menschen sitzen höher). Forschungen sind den Fragen nachgegangen: Warum gibt es in keiner Kultur öffentlichen Sex? Wieso hat jeder Mensch ein Heimatgefühl (vgl. *Christoph Antweiler*, »Heimat Mensch. Was uns alle verbindet«, Hamburg 2009)? Aufschlussreich wäre eine systematische ethnologische Untersuchung der Gemeinsamkeiten zum Schutz des Lebens, der sexuellen Beziehungen, des Eigentums, der Wahrheit.

4. Politische Begründung:
Was ist Wertebasis für die moderne Gesellschaft?

Persönlicher Hintergrund: Als Schweizer Staatsbürger bereits von Jugend auf existentiell an nationaler wie internationaler Politik interessiert, versuche ich mich bis heute umfassend kundig zu machen, bevor ich mir politische Analysen und Wertungen zu veröffentlichen erlaube. Verstand ich mich auch nie als Politiker, Politologe oder »politischer Theologe«, so doch seit »Christ sein« als gesellschaftskritisch engagierter Theologe und Philosoph. Einladungen unter anderem zu Vorträgen und Kolloquien im UN-Hauptquartier in New York, bei der UNESCO in Paris und im Weltwirtschaftsforum in Davos bedeuteten für mich eine Herausforderung, mich eingehend mit insbesondere weltpolitischen Fragen zu befassen. Die im weitesten Sinne politischen Bücher »Projekt Weltethos« (1990) und »Weltethos für Weltpolitik und Weltwirtschaft« (1997) wären ohne diesen Horizont und ohne die zahllosen Gespräche mit Kollegen verschiedenster Disziplinen in Tübingen und in anderen Universitäten und Gremien unmöglich gewesen. Der gemeinsam mit dem Friedens-, Konflikt- und Entwicklungsforscher Dieter Senghaas herausgegebene Band »Friedenspolitik. Ethische Grundlagen internationaler Beziehungen« (2003) verdankt sein Entstehen unserem Tübinger Symposion von Politologen und Philosophen über »Ein neues Paradigma internationaler Beziehungen« im Schatten des Afghanistan- und Irakkrieges.

So war denn das Projekt Weltethos schon von vornherein auch politisch konzipiert. Die Bedeutung des Weltethos für Weltpolitik kam in der Folge zur Sprache durch die Weltethos-

Redner, die die Stiftung Weltethos seit dem Jahr 2000 an die Universität Tübingen einlud: Premierminister Tony Blair, UN-Hochkommissarin für Menschenrechte Mary Robinson, UN-Generalsekretär Kofi Annan, Bundespräsident Horst Köhler, Friedensnobelpreisträgerin Shirin Ebadi, IOC-Präsident Jacques Rogge, Bundeskanzler a. D. Helmut Schmidt, Erzbischof Desmond Tutu und Verwaltungsratsvorsitzender der HSBC Stephen Green.

(1) In der modernen Gesellschaft können christliche Werte sinnvoll und effizient nur im Kontext allgemeiner menschlicher Werte vertreten werden

Es ist weder realistisch noch legitim, in der heutigen pluralistischen Situation alle Männer und Frauen der Bundesrepublik Deutschland oder gar Europas unter Berufung auf Europa von Staats wegen einfach auf *christliche Werte* festlegen zu wollen, wie dies aus römisch-katholischer oder protestantisch-fundamentalistischer Sicht immer wieder versucht wird. Auch christliche Theologen und Kirchenführer müssen die Positionen anderer Religionen und auch unterschiedlicher politischer und weltanschaulicher Gruppierungen, selbst von Agnostikern und Religionslosen, ernstnehmen. Es müssen die christlichen Werte also auf dem Hintergrund und im Kontext der gemeinsamen humanen Werte gesehen und gelebt werden.

(2) Andererseits bedürfen moderne demokratische Grundwerte zur Realisierung einer ethischen Basis

Es reicht nicht aus, alle Menschen allein auf die *modernen Grundwerte* Demokratie, Toleranz, Rechtsstaatlichkeit und Menschenrechte verpflichten zu wollen. Dies wird vonseiten französischer und belgischer Laizisten propagiert, die sich weigern, außer der Antike und der modernen Aufklärung auch den Beitrag von anderthalbtausend Jahren Christentum zu Europa anzuerkennen. Doch es gilt das weithin akzeptierte Diktum des früheren deutschen Bundesverfassungsrichters Ernst-Wolfgang Böckenförde: »Der freiheitliche, säkularisierte Staat lebt von Voraussetzungen, die er selbst nicht garantieren kann. Das ist das große Wagnis, das er, um der Freiheit willen, eingegangen ist.« (»Staat, Gesellschaft, Freiheit« 1976) Gerade die *Werte der Moderne*, gerade Demokratie, Toleranz, Rechtsstaatlichkeit und Menschenrechte brauchen, wenn sie realisiert werden sollen, *als Basis zwar keine gemeinsame Religion, wohl aber ein gemeinsames Ethos* – Böckenförde sprach später auch von einem »verbindenden Ethos«, »einer Art Gemeinsinn«: ein Ethos also, das von den Gläubigen der verschiedenen Religionen und von nichtreligiösen Menschen gemeinsam getragen werden kann und soll.

(3) Die moderne Gesellschaft kann nur durch ein verbindendes und verbindliches Weltethos zusammengehalten werden

Es geht um einen gemeinsamen historischen Lernprozess. Wir leben in einer Periode der *beschleunigten Säkularisierung*, der *radikalisierten Individualisierung* und des wachsenden *weltanschaulichen Pluralismus*. Dies ist eine keineswegs nur negativ zu beurteilende, ist vielmehr eine ambivalente Entwicklung mit vielen Risiken und Gefahren, aber auch manchen Chancen und Vorteilen. Der Mensch soll in *Freiheit* als verantwortliche Person handeln, doch dabei wird er zugleich auf sein eigenes individuelles Schicksal zurückgeworfen. In dieser spannungsreichen Situation ist das Bedürfnis der Menschen nach *Geborgenheit*, nach ideellen Perspektiven, nach Wertmaßstäben, nach Orientierungspunkten, die ihnen Halt bieten, eher gewachsen als zurückgegangen.

Was also hält unter diesen Bedingungen die moderne Gesellschaft zusammen? Sie kann in ihrer Tiefe nicht durch religiösen Fundamentalismus, aber auch nicht durch Beliebigkeitspluralismus, sondern nur durch ein verbindliches und verbindendes Ethos zusammengehalten werden: einen bürgerschaftlichen Grundkonsens über gemeinsame Werte, Maßstäbe und Haltungen, der autonome Selbstverwirklichung und solidarische Verantwortung verbindet.

Für die Glaubenden ist dieses Ethos im Glauben an Gott als der ersten-letzten Wirklichkeit und obersten Instanz verwurzelt. Doch kann dieses Ethos auch von *Nichtglaubenden* aus humanen Gründen mitgetragen werden. So vermag es ganz unterschiedliche gesellschaftliche Gruppen und politische Parteien, Nationen und Religionen zu umgreifen. Die ethischen Normen und Maßstäbe sollen indessen, gerade wenn sie von Religionen oder Kirchen mitvertreten werden, nicht erneut Ketten oder Fesseln sein. Sie sollen nicht ausgrenzen und moralisch verurteilen, sondern einladen, auffordern und in die Pflicht rufen: Kein autoritäres, sondern ein *tolerantes* Ethos.

(4) Der notwendige neue Gesellschaftskonsens ist nicht möglich ohne den politischen Willen und ethischen Impuls der Verantwortlichen

Trotz und zum Teil auch wegen aller Globalisierung leben wir heute in einer religiös-politisch zerrissenen, kriegerisch-konfliktreichen und zugleich orientierungsarmen Zeit. Denn bei aller positiven Entwicklung lässt sich einfach nicht übersehen: Wir leben in einer Zeit, in der viele moralische Autoritäten an Glaubwürdigkeit verloren haben; in einer Zeit, in der viele staatliche, kulturelle und leider auch religiöse Institutionen in den Strudel tief greifender Identitätskrisen gezogen wurden; in einer Zeit, in der viele Maßstäbe und Normen ins Gleiten kamen, so dass viele Menschen, gerade auch junge, oft nicht mehr wissen, was gut oder böse ist, richtig oder falsch.

Wer wollte also bestreiten, dass ein *neuer Gesellschaftskonsens* notwendig ist, und zwar auf Weltebene. Denn gerade die Globalisierung erfordert ein globales Ethos. Dafür braucht es allerdings den *politischen Willen* vor allem der Verantwortlichen. Und dieser ist gerade bei mühevollen Unternehmungen für das Gemeinwohl kaum möglich ohne einen *ethischen Impuls*: das heißt ohne persönliches Verantwortungsbewusstsein, ohne die sittliche Schwungkraft, ohne die moralische Energie, wie sich dies etwa beim Marshall-Plan, bei der Ausarbeitung der Allgemeinen Menschenrechtserklärung oder bei der Grundlegung eines friedlich geeinten Europa gezeigt hat.

Selbstverständlich handelt es sich beim Projekt Weltethos – dies kann nicht genügend betont werden – um einen jahrzehntelangen Prozess des Bewusstseinswandels, ähnlich wie dieser in den Fragen der Frauenemanzipation, der Ökologie und der Abrüstung eingetreten ist. Und im Prozess ihrer Realisierung werden die allgemeinen normativen Regeln von Weltethos und Weltrecht ständig dem Härtetest der Praxis ausgesetzt.

5. Juristische Begründung:
Inwiefern setzt Weltrecht ein Weltethos voraus?

Persönlicher Hintergrund: Das Projekt Weltethos stand für mich von Anfang an in einer konstruktiven und differenzierten

Beziehung zum Recht. Ich habe dafür gesorgt, dass dies schon im ersten grundlegenden Kapitel der Weltethos-Erklärung von Chicago (1993) über »Keine neue Weltordnung ohne ein Weltethos« deutlich zum Ausdruck gebracht wurde.

In der Zwischenzeit habe ich diese Einsichten vertieft. Eine besondere Herausforderung bedeutete für mich die Einladung durch den Verein der Richter des Bundesverfassungsgerichts in Karlsruhe zu einem Vortrag über »Weltrecht und Weltethos« am 28. Oktober 2008. Er wurde so erfreulich positiv aufgenommen, dass ich für dasselbe Thema zur Juristischen Studiengesellschaft am Bundesgerichtshof für den 20. April 2010 eingeladen wurde. Die diesbezüglichen Studien und Diskussionen waren für mich die Voraussetzung dafür, der Stiftung Weltethos ein Internationales Symposion über »Global Ethic, Law and Policy« vorzuschlagen, das am 3./4. November 2011 an der Georgetown University in Washington stattfand.

(1) Das Recht hat ohne Sittlichkeit keinen Bestand

Wie verhalten sich nun Recht und Ethos, Weltrecht und Weltethos zueinander? Unter »Weltrecht« verstehe ich das bestehende Völkerrecht und Internationale Recht samt den Rechtssetzungen der Weltinstitutionen. Die Notwendigkeit und Grenzen des Rechts sind im Zusammenhang des Ethos deutlich zu thematisieren: In der »Erklärung zum Weltethos« des Parlaments der Weltreligionen von 1993 heißt es gleich zu Beginn programmatisch:

»Wir sind überzeugt von der fundamentalen Einheit der menschlichen Familie auf unserem Planeten Erde. Wir rufen deshalb die Allgemeine Menschenrechtserklärung der Vereinten Nationen von 1948 in Erinnerung. Was sie auf der Ebene des *Rechts* feierlich proklamierte, das wollen wir hier vom *Ethos* her bestätigen und vertiefen: die volle Realisierung der Unverfügbarkeit der menschlichen Person, der unveräußerlichen Freiheit, der prinzipiellen Gleichheit aller Menschen und der notwendigen Solidarität und gegenseitigen Abhängigkeit aller Menschen voneinander.

Aufgrund von persönlichen Lebenserfahrungen und der notvollen Geschichte unseres Planeten haben wir gelernt,

– dass mit Gesetzen, Verordnungen und Konventionen allein eine bessere Weltordnung nicht geschaffen oder gar erzwungen werden kann;

– dass die Verwirklichung von Frieden, Gerechtigkeit und Bewahrung der Erde abhängt von der Einsicht und Bereitschaft der Menschen, dem Recht Geltung zu verschaffen;

– dass der Einsatz für Recht und Freiheit ein Bewusstsein für Verantwortung und Pflichten voraussetzt und deshalb Kopf und Herz der Menschen angesprochen werden müssen;

– dass das Recht ohne Sittlichkeit auf Dauer keinen Bestand hat und dass es deshalb *keine neue Weltordnung geben wird ohne ein Weltethos.*«

(2) Das Weltethos will keine juristische oder ethische Kasuistik bieten, wohl aber Grundsätze und Leitlinien für die Kasuistik

Ich hatte es bereits angedeutet: Universale Normen müssen stets situationsbezogen angewandt werden: Normen ohne Situation sind hohl; eine Situation ohne Norm aber ist blind. Das heißt: Die Normen sollen die Situation erhellen, und die Situation die Normen konkretisieren. Sittlich gut ist also nicht einfach das *abstrakt* Gute oder Richtige, sondern das *konkret* Gute oder Richtige: das Angemessene. Mit anderen Worten: Nur in der bestimmten Situation wird die Verpflichtung konkret. Aber in einer bestimmten Situation, die freilich nur der Betroffene selbst zu beurteilen vermag, kann die Verpflichtung durchaus unbedingt werden. Das heißt: Unser Sollen ist immer situationsbezogen, doch in einer bestimmten Situation kann das Sollen kategorisch werden: ohne Wenn und Aber. In jeder konkreten sittlichen Entscheidung ist also die allgemeine normative Konstante zu verbinden mit der besonderen situationsbedingten Variablen.

Natürlich muss ein *Richter* Fälle konkret und *verbindlich entscheiden*, er darf und kann nicht bei abstrakten Normen stehen bleiben. Und das Weltethos macht die Beurteilung des Einzelfalles nicht von vornherein leichter. Solche Fälle können ja auch höchst unterschiedlich gelagert sein:

– Es gibt zahllose relativ einfache Fälle, bei denen das positive Recht für die Beurteilung völlig ausreicht und ein Rekurs auf allgemeine Rechtsgrundsätze oder Weltethos-Prinzipien nicht notwendig ist. Es gibt positives Recht wie etwa das Rechtsfahrgebot der Straßenverkehrsordnung, das als solches nichts mit Ethik zu tun hat (es wäre ebenso ein Linksfahrgebot möglich), das allerdings zur ethischen Pflicht werden kann, weil es das Verhalten und die Erwartung anderer vorhersehbar macht. So kann selbst eine solche positiv gesetzte Regel wie das Rechtsfahrgebot allerdings zur ethischen Pflicht werden, wenn es um Leben und Tod geht.

– Es gibt aber auch höchst komplexe Fälle wie den Börsenhandel mit Derivaten – reine Finanzwetten ohne jeden realen Gütertausch: Inwiefern dieser unmoralisch ist, bedarf genauer Untersuchung durch Fachleute der Finanzen, des Wirtschaftsrechts und der Wirtschaftsethik. Vielleicht könnten ja DIN-Normen auch für Finanzprodukte eine Hilfe sein. Wenn es sich jedoch um Betrug und Stehlen handelt, dann wären solche Praktiken unmoralisch. Und es wäre solcher Derivatmarkt zu verbieten, und Zuwiderhandelnde wären zu bestrafen.

(3) Die allgemeinen Rechtsgrundsätze können gestützt werden durch weltethische Prinzipien

Es soll nur kurz angedeutet werden, wie die wichtigsten universalen Rechtsgrundsätze abstützt sind durch ethische Prinzipien, wie sie in der Weltethos-Erklärung von Chicago definiert wurden. Zwei Beispiele:

a. Der Rechtsgrundsatz der *Billigkeit* (»aequitas« im römischen und kanonischen Recht): Dieser Grundsatz ist ein Korrektiv der positiven Norm in Grenzfällen. Er fordert die Beurteilung eines Falles nach natürlichem Gerechtigkeitsempfinden und kann wesentlich dazu beitragen, die Diskrepanz zwischen Rechtsprechung und Rechtsempfinden zu überwinden. Er ermöglicht eine elastische Handhabung des positiven Rechtes, was zum Beispiel im Bereich des Strafrechts je nachdem eine Minderung von Härten (etwa bei Heranwachsenden) oder eine Verschärfung der Strafe (im Rahmen des Strafgesetzbuches) zur Folge haben kann. Dieser Grundsatz kann verstanden werden als die rechtliche Anwendung und Konkretisierung des ersten Grundprinzips eines Menschheitsethos, nämlich des *Prinzips der Menschlichkeit*, des Humanitätsprinzips: *Jeder Mensch muss menschlich und darf nicht unmenschlich behandelt werden!*

Natürlich muss das Humanitätsprinzip näher bestimmt und von konkreten Zusammenhängen her erläutert werden. Was heißt »menschliche Behandlung«? Grundsätzlich ethisch bedeutet es: Kein Mensch soll triebhaft, »tierisch«, »bestialisch« behandelt werden (Stichworte: KZ, Gulag, Abu Ghraib!), sondern vernünftig, das heißt in diesem Fall: human, menschenwürdig, also entsprechend seiner Menschenwürde und den ihr zugeordneten Grundwerten. Bestialisches Verhalten kann freilich auch in zwischenmenschlichen, etwa sexuellen Beziehungen auftreten.

Für die juristische Praxis setzt dies zumindest negative Grenzen: Was »unmenschlich« ist, ist in der Praxis leichter zu bestimmen als was »menschlich« ist; angesichts des Sexualmissbrauchs an Kindern und Jugendlichen, der Ermordung von Eltern, Lehrern und Mitschülern durch Jugendliche und der Vergewaltigung von Frauen erübrigt es sich, weiter darauf einzugehen. Die bis heute nicht ans Ziel gekommenen Diskussionen vor allem im Arbeitsrecht zeigen, dass andererseits »menschliche Behandlung« etwa am Arbeitsplatz positiv nicht immer leicht zu bestimmen ist.

b. Der Rechtsgrundsatz von *Treu und Glauben* (»bona fides«): Er besagt, dass von jedem Menschen ein Verhalten gefordert wird, wie es von redlich und wahrhaftig denkenden Menschen an den Tag gelegt wird. Dieser Rechtsgrundsatz lässt sich abstützen durch das zweite Grundprinzip des Weltethos, nämlich das der *Gegenseitigkeit*, der Goldenen Regel: *Was du nicht willst, das man dir tut, das füg auch keinem anderen zu!*

Auch diese Goldene Regel der Gegenseitigkeit ist keine idealistische Parole, sondern eine ethische Richtlinie, die selbst im wirtschaftlichen Konkurrenzkampf und in politischen Interessenkonflikten zu beachten ist und zumeist auch beachtet wird: Insofern sind auch Wettbewerber und politische Gegner als Mitmenschen zu behandeln und nicht zu »liquidieren« (physisch, publizistisch oder wie auch immer). Die ethischen Kriterien treten auch in Wirtschaft und Politik nie außer Kraft: Lug und Trug sind weder in Unternehmen noch im Bankwesen noch in der Außenpolitik erlaubt. Das schließt die im praktischen und realen Leben unvermeidlichen Kompromisse und pragmatischen Lösungen nicht aus.

(4) Weltethische Prinzipien können eine Unterstützung, ja
sogar eine Quelle für allgemeine Grundsätze des inter-
nationalen Rechtes sein

Drei Charakteristika dieser ethischen Prinzipien stützen
diese Sicht:

a. Sie sind von einem breiten *internationalen Konsens* anerkannt. Dieser Konsens besteht freilich eher unter religiösen Gruppierungen als unter Nationalstaaten, aber die meisten dieser Gruppierungen sind in ihrer Ausrichtung selbst
transnational und transkulturell. Geschichtlich sind diese
Prinzipien schon lange anerkannt – als Faktor für den Status
von Gewohnheit im Sinne von Gewohnheitsrecht. Wie unter
anderem die genannten Weltethos-Reden in Tübingen deutlich gemacht haben, werden die Weltethos-Prinzipien auch
von prominenten Politikern unterstützt.

b. Obwohl die Weltethos-Prinzipien nicht als gesetzliche
Rechte und Verantwortlichkeiten (Pflichten) gedacht sind,
haben sie doch *verpflichtende Kraft*. Sie sind obligatorische,
nicht frei wählbare Verhaltensstandards. So kann zum Beispiel die Verurteilung von Korruption in der Wirtschaft,
wie sie in der Erklärung steht, mit der Zeit ihren Ausdruck
finden in einer internationalen Konvention (oder Gewohnheitsrecht) gegen Bestechung. Zunehmend haben rechtlich
nichtbindende ethische Normen zur Kodifizierung spezi-
fischer Formulierungen in bindenden Vertragswerken geführt. Dies vor allem in der Menschenrechts-Gesetzgebung
und im internationalen Umweltrecht.

c. Einige Prinzipien der Weltethos-Erklärung eignen sich
gut als *Vorläufer für internationale Rechtsnormen*: Sie sprechen Themen an, die sich heutzutage durch die Globalisierung stellen. Die zweite Weisung der Erklärung etwa, in der
es um faires Wirtschaften geht, ist relevant für die transnatio-

nalen Aktivitäten bestimmter multinationaler Firmen, die sich nur um Regelwerke bemühen, die für ihre Gewinnmaximierung günstig sind. Denn wie kommt denn überhaupt die Ethik in die Gesetze, wenn es keinen ethischen Konsens gäbe? Wo aber ein solcher ethischer Konsens vorhanden ist, da prägen sich rasch Formen eines redlichen Miteinanders aus, die aufgrund ihrer allgemeinen Anerkennung auch leichthin justiziabel sind. Zum Beispiel die »lex mercatoria«, die sich »von unten«, aus zwischen Hanse-Kaufleuten des Spätmittelalters akzeptierten sittlichen Gepflogenheiten entwickelte. Sie bedurfte keines Erlasses und keiner Sanktionen »von oben«, um eingehalten zu werden. Heute begegnen uns ähnliche Prozesse im Bereich des UN Global Compact. Wieder sind es Private und Akteure aus der Zivilgesellschaft, die sich über ein wirtschaftliches Grundethos verständigen und diesem dann durch den sanften Druck der Moral Geltung auch dort verschaffen, wohin der Arm des rechtlichen Zwanges nicht reicht.

Bedenkenswert das Wort des Zürcher Staatsrechtlers *Max Huber*, Präsident des Ständigen Internationalen Gerichtshofs in Den Haag und dann viele Jahre Präsident des Internationalen Komitees vom Roten Kreuz, der schon 1955/56 den Begriff eines »internationalen Ethos« entfaltete, das hinter und über dem Recht stehe: »Recht lässt sich beugen wie Eisen, soweit es nicht schon Ethos ist. Ethos aber ist wie ein Kristall.« So sind immerhin manche Rechtsbeugungen in der zweiten Bush-Administration zumindest moralisch gescheitert am »Kristall« des in der internationalen Öffentlichkeit und auch in den USA präsenten Ethos.

6. Physiologisch-psychologische Begründung:
Ist der Mensch frei zu ethischem Handeln?

Persönlicher Hintergrund: Mit den schwierigen Fragen der Wissenschaftstheorie und dem neuesten Forschungsstand der Astrophysik und der Mikrobiologie musste ich mich schon für mein Buch »Existiert Gott? Antwort auf die Gottesfrage der Neuzeit« (1978) in einem eigenen Kapitel beschäftigen. 1994 fand mit den Tübinger Kollegen vom Physikalischen Institut ein Semester-Kolloquium statt über »Unser Kosmos. Naturwissenschaftliche und philosophisch-theologische Aspekte«, in welchem ich meine Auffassung testen konnte. Der herausfordernde Anlass aber, mich erneut mit Grundfragen der Kosmologie und auch der Biologie und Anthropologie zu befassen, war für mich die Einladung der Gesellschaft Deutscher Naturforscher und Ärzte, auf ihrer 123. Jahresversammlung in Passau am 19. September 2004 den Festvortrag zu halten. Das ermutigte mich, im Sommersemester 2005 meine Überlegungen zu Naturwissenschaft und Religion in fünf Vorlesungen einer großen Öffentlichkeit im Studium Generale vorzutragen, anschließend veröffentlicht unter dem Titel »Der Anfang aller Dinge. Naturwissenschaft und Religion« (2005). In der fünften Vorlesung habe ich mich aufgrund der neuesten Kontroversen mit den Folgen und Grenzen der Hirnforschung beschäftigt.

(1) Ohne Gehirn gibt es keinen Geist und ohne die Aktivität bestimmter Hirnzentren keine geistige Leistung

Die »graue Masse« des Gehirns mit ihren Tälern und Höhen weist Schichtstrukturen und Funktionsbereiche auf, in denen über zehn Milliarden Gehirnzellen arbeiten: mit Hilfe Tausender von Milliarden Verknüpfungen und leitenden Verbindungen, die sich über Hunderttausende Kilometer erstrecken. Die neurophysiologische Hirnforschung hat uns in den letzten Jahren großartige Erkenntnisse geschenkt: Mit Hilfe der funktionellen Kernspintomographie lassen sich durch neue bildgebende Verfahren Bewusstseinszustände mit Aktivitäten verschiedener Gehirnbereiche korrelieren. Uns ist indes nur bewusst, was mit der Großhirnrinde (Cortex) verbunden ist, und auch dies nur zu einem kleinen Teil; die Prozesse außerhalb davon sind unbewusst.

Sämtliche psychischen Vorgänge stehen also in enger Verbindung mit den elektrochemischen Vorgängen zwischen den Nervenzellen im Gehirn, und diese funktionieren nach den *Naturgesetzen der Physik*. Ist Willensfreiheit deshalb eine Illusion? Ist ethisches Handeln, das solche Freiheit und Verantwortlichkeit voraussetzt, daher letztlich unmöglich?

Hirnforscher haben immer mehr Entsprechungen festgestellt zwischen dem Auftreten eines bestimmten Bewusstseinsvorganges oder -zustandes und der Aktivität einer bestimmten (makroskopisch identifizierbaren) Hirnregion beziehungsweise der (mikroskopischen) neuronalen Schaltkreise, aus denen die Hirnregion aufgebaut ist. Manche schlossen daraus, faktisch seien alle unsere Absichten und Entscheidungen, Ideen und Wünsche durch physiologische Prozesse determiniert. Alles werde vom Unbewussten, vom *limbischen System gesteuert*, wo schon im Kindesalter beispielsweise darüber entschieden werde, ob ein Mensch ein Triebtäter werde oder nicht. Diese Auffassung wirft freilich die Frage auf, welche Konsequenzen eine solche Anwendung neurophysiologischer Erkenntnisse für die Ethik hätte.

(2) *Eine neurowissenschaftliche Verharmlosung von Verantwortung und Schuld ist nicht zu rechtfertigen*

Das Strafrecht kennt selbstverständlich eine eingeschränkte Schuldfähigkeit. Aber ist das Mentale prinzipiell bloß ein Epiphänomen des Neuronalen? Man müsste sich doch überlegen: Welche *Pseudoentlastung* bringt dem Verbrecher eine solche neurowissenschaftliche Hypothese: Nur ja keine Schuldgefühle – alles Illusion!?

Leider sind neurowissenschaftliche Hypothesen, die unser Selbstverständnis als freie Menschen für Selbsttäuschung erklären, dafür mitverantwortlich, dass die Hirnforschung, die mit Hilfe solcher Geräte phantastische Fortschritte macht, heutzutage nicht nur *Hoffnungen* auf die Bekämpfung schwerer Krankheiten wie Alzheimer, Parkinson, Schizophrenie, Depression und auf die Rückgewinnung von Autonomie und Entscheidungsfreiheit hervorruft. Sie fördert auch *Ängste*, wir Menschen würden zu kalten Bio-Automaten; von Neuronen gesteuert könnten wir allen möglichen bewusstseinsmanipulativen Eingriffen ausgesetzt werden und so unsere Identität und Autonomie verlieren. Doch auch Hirnforscher wenden sich gegen ein angeblich neurowissenschaftliches Alibi von Schuld und Verantwortung.

(3) *Die Hirnforschung bietet zurzeit keine empirisch nachprüfbare Theorie über den Zusammenhang von Geist und Gehirn*

2004 veröffentlichten elf führende deutsche Neurowissenschaftler ein »*Manifest über Gegenwart und Zukunft der Hirnforschung*«. Mit Hilfe neuer Methoden seien bedeutende *Fortschritte* erzielt worden: Einerseits auf der *obersten* Ebene bezüglich der Funktionen und des Zusammenspiels größerer Hirnareale (Sprache verstehen, Bilder erkennen, Töne wahrnehmen, Musikverarbeitung, Handlungsplanung, Gedächtnisprozesse und Erleben von Emotionen ...). Andererseits auf der *untersten* Ebene bezüglich der Vorgänge auf dem Niveau einzelner Zellen und Moleküle (Ablauf von intrazellulären Signalprozessen, Entstehung und Weiterleitung neuronaler Erregung ...).

Groß aber sei nach wie vor das *Nichtwissen auf der entscheidenden mittleren Ebene der Hirnaktivitäten.* Denn auf dieser wird das Zustandekommen von Gedanken und Gefühlen, Absichten und Effekten, Bewusstsein und Selbstbewusstsein ermöglicht: Nach welchen Regeln das Gehirn arbeite; wie es die Welt so abbilde, dass unmittelbare Wahrnehmung und frühere Erfahrung miteinander verschmelzen; wie das innere Tun als »seine« Tätigkeit erlebt werde und wie es zukünftige Aktionen plane, all dies würden wir nach wie vor kaum in Ansätzen verstehen.

Die Neurowissenschaftler zeigen sich also erfreulich zurückhaltend bezüglich der »großen Fragen«: wie Ich-Erleben und Bewusstsein entstehen, wie rationales und emotionales Handeln miteinander verknüpft werden, was es mit der Vorstellung des »freien Willens« auf sich hat. Dazu müssten wir über die Funktionsweise des Gehirns noch wesentlich mehr wissen. Die Hirnforschung biete zurzeit keine empirisch nachprüfbare Theorie über den Zusammenhang von Bewusstsein und Nervensystem.

(4) Die Hirnforschung kann die Frage nach freiem oder unfreiem Willen nicht entscheiden

Wissenschaftliche Theorien verhalten sich zur Sache wie Linsen zu ihren Objekten: sie heben bestimmte Aspekte des Wirklichen besonders heraus, lassen andere verschwommen erscheinen und geben den Blick auf wiederum andere gar nicht frei. So ist es auch mit der Hirnforschung. Indem wir den menschlichen Geist gewissermaßen unters Mikroskop legen, unterziehen wir ihn zugleich einer bestimmten Deutung: nämlich der, dass zeitlich frühere Zustände des Bewusstseins dessen spätere Aktionen festlegen. Dieser Schluss von Sukzession auf Kausalität ist Teil der gewählten Methode. Er rückt aus dem Blick, erstens, dass wir eventuell auf diese früheren Zustände willentlich Einfluss genommen haben, und, zweitens, dass die nachfolgenden Zustände spontan hervorgebracht und nicht allein durch die vorangehenden erzwungen worden sein könnten. Kurz: Die Selbstgebung unseres Bewusstseinslebens passt nicht ins Ursache-Wirkungs-Schema der Hirnforschung. Sie wird im fMRI-Scan nicht gesehen, ist aber auch mittels dieses Verfahrens gar nicht sichtbar. Die Freiheit unseres Bewusstseins kann also real sein, ohne doch im Experiment fassbar zu werden.

Für diese Aussage zitiere ich nur drei Kronzeugen:

Der Tübinger Verhaltensneurobiologe *Niels Birbaumer* hat recht: »Weder freier noch unfreier Wille lässt sich beobachten, da wir kein neuronales Korrelat von Freiheit kennen. Freiheit ist zwar auch ein Konstrukt des Gehirns wie alles Verhalten und Denken, das der Mensch produziert, aber es ist auch und primär ein historisch, politisch und sozial gewachsenes Phänomen, das sich nicht nur auf Hirnprozesse rückführen lässt.«

Der Philosoph *Peter Bieri* (Berlin) hält die angeblich empirische Widerlegung der Willensfreiheit für »ein Stück abenteuerliche Metaphysik«: »Man sucht in der materiellen Zusammensetzung eines Gemäldes vergebens nach der Darstellung oder Schönheit, und im selben Sinn sucht man in der neurobiologischen Mechanik des Gehirns vergebens nach Freiheit oder Unfreiheit. Es gibt dort *weder* Freiheit *noch* Unfreiheit. Das Gehirn ist der falsche logische Ort für diese Idee … Unser Wille ist frei, wenn er sich unserem Urteil darüber fügt, was zu wollen richtig ist. Der Wille ist unfrei, wenn Urteil und Wille auseinanderfallen …«

Im Anschluss an Peter Bieri unterscheidet der Philosoph *Jürgen Habermas* scharf zwischen Ursachen und Gründen: »Wer unter dem kausalen Zwang einer auferlegten Einschränkung«, also unter einer *zwingenden Ursache* steht, ist in der Tat unfrei. Wer aber dem »zwangslosen Zwang des besseren Arguments« unterliegt und sich nach *Gründen* zu einer Tat entscheidet, ist frei. Die vom Experimentator induzierte Krümmung eines Armes oder Fingers aber sei gar keine freiheitliche Handlung im Sinn moralischer Verantwortung. Eine solche sei immer das Ergebnis einer komplexen Verkettung abwägender Überlegungen über Ziel und Mittel, Ressourcen und Hindernisse. Die Kommunikation unter Menschen, die für den Diskursethiker Habermas im Mittelpunkt des Interesses steht, sei kein »blindes Naturgeschehen«, das quasi hinter dem Rücken des Subjekts abläuft. Schon im Neugeborenen entwickle sich der Geist des Menschen nur im sozialen Miteinander durch wechselseitige Beeinflussung (Interaktion), durch Kooperation und Unterricht. Und insofern residiere der Geist keineswegs nur im Gehirn, sondern sei in der ganzen menschlichen Person »verkörpert«. Das Ich sei zwar sozial konstruiert, aber deshalb noch keine Illusion.

(5) Die Freiheit des Willens lässt sich erfahren

In ihrem alltäglichen Selbstverständnis setzen auch Hirnforscher die verantwortliche Urheberschaft bei sich, wie auch bei ihren Mitarbeitern und Patienten, ständig voraus. Dieses Selbstverständnis einfach als Epiphänomen zu erklären,

verrät einen deterministischen Dogmatismus, der zu hinter-
fragen ist. Dabei ist die Laborperspektive durch die Perspektive der Lebenswelt zu ergänzen, Außen- und Innenschau
sind zu verschränken. Auch Hirnforscher versprechen ja
irgendwas irgendwem; sie erklären also, dass sie ungeachtet
ihres morgigen Hirnzustands gewisse Dinge verrichten werden! Sie schreiben sich also eine Freiheit zu, die sie in ihrer
Theorie gar nicht haben.

Neben der neurophysiologischen Methode sollte die *Introspektion* nicht unterschätzt werden. Denn sie muss faktisch
ständig auch vom Neurophysiologen praktiziert werden,
wenn er seine Bilder und festgestellten Prozesse interpre-
tieren will. Auch er muss dann, statt in den Kernspintomo-
graphen, »in sich selber hineinsehen«: Die jedem Menschen
mögliche Selbstbeobachtung, unterstützt durch Verhaltens-
beobachtung anderer, kann nicht nur zurückschauen. Sie
kann die psychologischen Vorgänge sogar gleichzeitig im
Ablauf erfassen.

Das Individuum erfährt andere und sich selbst immer
wieder als unberechenbar, weil frei. Wo ein Mensch, ex post
betrachtet, in seinem Handeln »determiniert« erscheint, war
oftmals, ex ante, die Frage unbeantwortbar, was er tun werde.
Jeder, der mit sich um wichtige Entscheidungen ringt, weiß,
wovon die Rede ist. Ein Fehlschluss wäre es daher, aus der
Selbstkonstruktion psychologischer Sinnzusammenhänge
(ich tue dies, weil es vor dem Hintergrund des Vergangenen
mir sinnvoll erscheint) eine Fremdkonstruktion physischer
Außenbestimmtheit zu machen (aufgrund dieser Sachlage
konnte er nur so und so entscheiden). Dies belegt auch die
Alltagserfahrung. So oft sagt ein Mensch Nein, wo man ein
Ja erwartet, und Ja, wo man ein Nein fürchtet. Deshalb werden Wahl- und Börsenprognosen – wenngleich Menschen
allzu oft dem Herdentrieb verfallen – häufig widerlegt. Ich

erfahre es an mir als unbestreitbare Tatsache: So sehr ich auch in meinem ganzen Dasein äußerlich und innerlich abhängig und bestimmt bin, bin ich mir dessen bewusst, dass dieses oder jenes zu guter Letzt eben doch an mir liegt, ob ich in einer bestimmten Situation rede oder schweige, aufstehe oder sitzen bleibe, ob ich dieses oder jenes Getränk oder Kleidungsstück, diese oder jene Tätigkeit oder Reise vorziehe. Zwar entscheidet mein Gehirn spontan, dass mein Auge jemanden anschaut oder mein Fuß einem Hindernis ausweicht. Sobald es jedoch nicht wie in neurowissenschaftlichen Experimenten nur um physische Kurzvorgänge (etwa Heben eines Arms oder Fingers) geht, sondern um langzeitige Prozesse, die meine Reflexion erfordern – man denke an die Wahl eines Berufs, die Wahl eines Lebenspartners, das Tätigen einer größeren Anschaffung –, da muss ich mich mit verschiedenen Denkinhalten und Handlungsalternativen auseinandersetzen, muss mich entscheiden und unter Umständen auch meine Entscheidung korrigieren. Die ganze Lebensgeschichte kommt hier mit in den Blick.

Der Tübinger Entwicklungsbiologe *Alfred Gierer* hat deshalb recht, wenn er neben der Neurophysiologie und der Introspektion als dritten Zugang zu unserem Bewusstsein und zu unserer Freiheit unsere *willentlichen Handlungen* hervorhebt: »Informationstheoretisch ausgedrückt, kann die objektive Analyse von Gehirnvorgängen nur einen Teil der Information über Bewusstseinszustände und -vorgänge ergeben; die intersubjektive Vermittlung bewussten Erlebens durch die Sprache erschließt mehr, die willentliche Handlung noch einmal mehr. In gewissem Maße sind alle drei Zugänge zueinander komplementär, aber auch zusammen ergeben sie noch kein vollständiges Bild.«

Freiheit ist also eine Erfahrung nicht nur des Denkens und Fühlens, sondern auch des Tuns. Sie ist aber auch eine *Erfah-*

rung des Nichttuns, des Versagens und Schuldigwerdens. Denn im Vollziehen kann ich auch dieses Negative unmittelbar erfahren: Ich habe es nicht getan, aber ich hätte es tun sollen; ich habe das Versprechen gegeben, aber nicht gehalten; ich bin selber schuld. Warum grämen wir uns? Missverstehen wir hier schlicht unsere Determiniertheit oder verstehen wir in unserem Gram nicht vielmehr unsere Freiheit weit besser als jene, die sie bestreiten? Ich anerkenne meine Schuld und bitte um Entschuldigung. Ich fordere aber auch vom anderen Anerkennung seiner Schuld, wo ich nicht schuld war ...

(6) Die Notwendigkeit eines Wissenschaftlerethos

Ja, was wäre Sittlichkeit ohne Verantwortung, was Verantwortung ohne Freiheit, was Freiheit ohne Bindung? Gerade in einer Zeit drohender Orientierungslosigkeit, Haltlosigkeit und Sinnlosigkeit ist diese Frage – um der bedrohten und zu stärkenden Menschlichkeit des Menschen willen – sehr ernst zu nehmen. Dabei ist es entscheidend, dass wir Verantwortung nicht als negative Schranke, sondern als positive Bestimmung unserer Freiheit begreifen; als etwas, durch das sie nicht negiert, sondern manifestiert, nicht minimiert, sondern realisiert wird. Freiheit ist uns niemals einfach gegeben, sondern stets aufgegeben. Erst durch und in Verantwortung erfüllt sie sich. Verantwortungslose Freiheit dagegen ist und macht unfrei.

Nach vielen großen und kleinen Skandalen der letzten Jahre wissen wir, dass sogar in den Reihen der Wissenschaftler zunehmend Fälle von »Anmaßung und Maßlosigkeit, ja selbst von Lug und Trug« zu konstatieren sind. Und diesen ist – darin bin ich mit dem Konstanzer Philosophen *Jürgen Mittelstrass*, der schon früh darauf hingewiesen hat (»Neue Zürcher Zeitung« vom 6. 7. 2002), derselben Meinung – nicht in erster Linie mit der »Ausarbeitung einer Wissenschaftsethik zu begegnen«, sondern durch eine Besinnung auf die »Vorstellungen einer allgemeinen Bürgerethik«. So kann man das Weltethos auch nennen.

Was Mittelstraß von der Wissenschaft (auch Naturwissenschaft und Medizin) sagt, ließe sich analog auf die Wirtschaft und andere Bereiche der Gesellschaft anwenden: »Alle Regeln, alle Normen, die man für eine Wissenschaftspraxis in Geltung setzen wollte, um deren Verantwortlichkeiten zu stärken und deren Vernunft zu sichern, wären vergeblich, wenn es ein solches Wissenschaftlerethos nicht gäbe. Dass es faktisch korrupt ist, wovon immer wieder Fälle von Lug und Trug in der Wissenschaft zeugen, trifft zu, bedeutet aber nicht, dass eine Wissenschaftsethik versagt hat oder besser ausgearbeitet werden müsste, sondern dass die Normen einer allgemeinen Ethik, der Bürgerethik, verletzt und ein Wissenschaftlerethos aus individuellen Motiven außer Kraft gesetzt wurde.« So käme es zum Beispiel darauf an, »das für alle Wissenschaften gültige Grundprinzip der Ehrlichkeit gegenüber sich selbst und anderen« anzuerkennen und zu beachten. »Die diagnostizierte Glaubwürdigkeitskrise« sei ja auch eine »Ethoskrise«: »Es dürfte zunächst einmal darauf ankommen, ein wissenschaftliches Ethos überhaupt erst wieder in das wissenschaftliche Bewusstsein zu bringen.« Es handelt sich dabei um »ein implizites Orientierungs- oder Regelwissen, das weniger theoretisch beherrscht als praktisch befolgt sein will« (ebenda; vgl. »Wissenschaft und Weltethos«, 1998).

7. Religionswissenschaftliche Begründung:
Stimmen die Religionen im Ethos überein?

Persönlicher Hintergrund: Manche Erfahrungen und Einsichten reichen weit zurück. Schon im April 1967 war ich als Theologe eingeladen zu einem Vortrag anlässlich der 100-Jahr-Feier der American University in Beirut. Schon damals war allen Kennern der Situation klar, dass die christliche Vorherrschaft im Libanon durch das muslimische Bevölkerungswachstum infrage gestellt war. Und bis heute bin ich davon überzeugt: Hätte man damals einen ernsthaften religiösen Dialog zwischen Christen und Muslimen begonnen, hätte die religiöse Verständigung als Basis dienen können für eine vernünftige und gerechte politische Lösung. Bürgerkrieg und unübersehbares Blutvergießen hätten so vermieden werden können.

In den 1970er-Jahren habe ich mich zunächst auf die Grundlagen des christlichen Glaubens konzentriert: die Frage nach Gott, Christsein und ewigem Leben. Aber in den 1980er-Jahren habe ich an der Universität Tübingen öffentliche Dialoge mit Spezialisten des Islam, des Judentums, des Hinduismus, Buddhismus und der Chinesischen Religion geführt. Und seither bin ich überzeugt, dass es keinen Weltfrieden geben wird ohne Religionsfrieden und keinen Religionsfrieden ohne Religionsdialog, der seinerseits auf einer soliden religionswissenschaftlichen und religionsphilosophischen Grundlagenforschung aufruhen muss. Zugleich aber machte ich in diesen Dialogen die Erfahrung, dass die Religionen einander in Fragen des praktischen Verhaltens, des Ethos, näher sind als in Fragen des Glaubens, des Dogmas. »Kein Weltfriede ohne Religionsfriede« lautete deshalb auch mein Grundlagenreferat für das Symposion an der UNESCO in Paris im Februar 1989, an dem zum ersten Mal Vertreter der Weltreligionen aktiv beteiligt waren. »Warum wir globale ethische Standards brauchen, um zu überleben« war dann der Titel meines Plenumsvortrags am Weltwirtschaftsforum in Davos im Februar 1990. Anschließend habe ich diese Fragen in einer öffentlichen Disputation in Kiel mit den Philosophen Hans Jonas und Karl-Otto Apel getestet.

Jene Kollegen, die mit mir in Tübingen den öffentlichen Dialog zwischen den Religionen durchgeführt hatten, standen mir auch zur Seite, als ich 1992 vom Council des Parlaments der Weltreligionen in Chicago gebeten wurde, für die Versammlung 1993 eine Erklärung zu einem Weltethos (»Global Ethic«) zu verfassen. Ich hatte eine solche Erklärung selber vorher in einem Vortrag in der großen Rockefeller Chapel der University of Chicago angeregt. Vor allem im Zusammenhang der Arbeit an dieser Erklärung haben sich meine Gedanken bezüglich der inhaltlichen Bestimmung geklärt. Nach der philosophischen Aufarbeitung der Möglichkeit eines Grundvertrauens und Grundethos für Glaubende und Nichtglaubende war dies für mich der Weg der inhaltlichen Füllung eines gemeinsamen Menschheitsethos: über die Weltreligionen zu einem Weltethos. Und dass die »Declaration towards a Global Ethic« am 4. September 1993 – drei Jahre nach »Projekt Weltethos« – von den Delegierten des über 6000 Teilnehmer zählenden Parlaments der Weltreligionen – allen voran der Dalai Lama – unterzeichnet wurde, bedeutete für mich und alle, die dabei mitgewirkt haben, eine starke Ermutigung. Schon zwei Jahre später wurde die Stiftung Weltethos (Global Ethic Foundation) gegründet, mit der Weltethos-Erklärung von Chicago als ihrer Magna Charta (vgl. Christel Hasselmann, »Die Weltreligionen entdecken ihr gemeinsames Ethos. Der Weg zur Weltethoserklärung«, 2002).

Es folgten zwei Jahrzehnte intensiver Forschungs- und Publikationstätigkeit über die großen Religionen der Welt und ihr gemeinsames Ethos: meine breit angelegte Trilogie zu Juden-

tum (1991), Christentum (1994) und Islam (2004) (insgesamt über 2800 Seiten!), fortgesetzt mit Stephan Schlensogs Arbeit »Der Hinduismus« (2006). Seit Mitte der 1990er-Jahre das umfassende Multimediaprojekt »Spurensuche. Die Weltreligionen auf dem Weg«: sieben Filme über Stammesreligionen, Hinduismus, Chinesische Religion, Buddhismus, Judentum, Christentum und Islam, begleitet von einem Sachbuch (1999) und einer interaktiven CD-ROM. Die dort zutage geförderten Befunde wurden immer und immer wieder auf vielen Reisen weltweit, in zahllosen Gesprächen, bei interreligiösen Anlässen getestet, von Gelehrten und Gläubigen der einzelnen Religionen bestätigt und so im Laufe der Jahre mehr und mehr vertieft. Was ich in all diesen Publikationen dargelegt habe, kann hier auch nicht ansatzweise entfaltet werden. Ich fasse es nur knapp unter drei Stichworten zusammen: Weltfrieden, Weltreligionen, Weltethos.

(1) Weltfrieden: das neue Paradigma internationaler Beziehungen

Der nach den zwei Weltkriegen angestrebte globale Frieden setzte ein *neues Paradigma internationaler Beziehungen* voraus, das besonders durch die Gründung der Vereinten Nationen (1945) und die Proklamation der Allgemeinen Erklärung der Menschenrechte (1948) vorgezeichnet war. Dieses heraufkommende Paradigma internationaler Beziehungen habe ich in Büchern wie »Projekt Weltethos« (1990) und »Weltethos für Weltpolitik und Weltwirtschaft« (1997) skizziert. Viele Ideen, die ich da vertreten habe, sind eingegangen in das Manifest für die Vereinten Nationen »Brücken in die Zukunft« (2001). Zusammen mit dem ehemaligen deutschen Bundespräsidenten Richard von Weizsäcker gehörte ich einer zwanzigköpfigen »Group of Eminent

Persons« an, von Generalsekretär Kofi Annan berufen, um einen Bericht zum Dialog der Kulturen und über ein neues Paradigma internationaler Beziehungen auszuarbeiten. Unser Manifest haben wir am 9. November 2001 dem Generalsekretär und der UN-Vollversammlung vorgestellt unter dem Titel »Crossing the Divide«, deutsch eben »Brücken in die Zukunft«.

Das neue Paradigma besagt grundsätzlich: statt der neuzeitlichen nationalen Interessen-, Macht- und Prestigepolitik eine *Politik regionaler Verständigung, Annäherung und Versöhnung.* Von Frankreich und Deutschland ist dies exemplarisch vorgemacht worden. Dies erfordert im konkreten politischen Handeln – auch in Nahost, Afghanistan und Kaschmir – statt der früheren Konfrontation, Aggression und Revanche wechselseitige *Kooperation, Kompromiss und Integration.*

Diese neue politische Gesamtkonstellation setzt offenkundig eine Mentalitätsveränderung voraus, die weit über die Tagespolitik hinausgeht:

– Neue Organisationen reichen dafür nicht aus, es braucht eine neue Denkart (»mindset«).

– Nationale, ethnische, religiöse Verschiedenheit darf nicht mehr grundsätzlich als Bedrohung verstanden werden, sondern als zumindest mögliche Bereicherung.

– Während das alte Paradigma immer einen Feind, gar Erbfeind voraussetzte, braucht das neue Paradigma keinen Feind mehr, wohl aber Partner, Konkurrenten und oft auch Opponenten. Statt militärischer Konfrontation gilt auf allen Ebenen wirtschaftlicher Wettbewerb.

– Denn es hat sich gezeigt, dass die nationale Wohlfahrt auf Dauer nicht durch Krieg, sondern nur durch Frieden befördert werden kann, nicht im Gegen- oder Nebeneinander, sondern im Miteinander. Und weil die nun einmal bestehenden verschiedenen Interessen im Miteinander befriedigt werden, ist eine Politik möglich, die nicht mehr ein Null-Summen-Spiel ist, bei welcher der eine auf Kosten des anderen gewinnt, sondern ein Positiv-Summen-Spiel, bei dem letztlich alle gewinnen.

(2) Weltreligionen: Friedenspotential statt Streitpotential nutzen

Jahrhundertelang war eine Versöhnung zwischen den Religionen unmöglich. Zu tief waren die Unterschiede zwischen den Religionen, zu tief die Unkenntnis, die Vorurteile, ja das Misstrauen. Die Religionen lebten in einer gewollten »Isolation« voneinander. Doch die globale Situation hat sich entscheidend verändert.

Weltpolitik, Weltwirtschaft und Weltfinanzsystem bestimmen unser eigenes nationales und regionales Schicksal wesentlich mit. Dass es keine nationalen oder regionalen Inseln der Stabilität mehr gibt, beginnt man überall langsam einzusehen. Und trotz der starken nationalen und regionalen Interessenzersplitterung gibt es eine immer stärkere politische, wirtschaftliche und finanzielle *Weltverflechtung*, so dass Ökonomen schon vor Jahrzehnten von einer *Weltgesellschaft* und Soziologen von einer *Weltzivilisation* (im technisch-wirtschaftlich-sozialen Sinn) geredet haben: Weltgesellschaft und -zivilisation als ein zusammenhängendes Interaktionsfeld, in das wir alle direkt oder indirekt involviert sind. Heute spricht man ganz selbstverständlich von der einen zunehmend globalisierten Welt.

Doch besagt diese entstehende Weltgesellschaft und technologische Weltzivilisation keinesfalls auch eine einheitliche *Weltkultur* (im geistig-künstlerisch-gestaltenden Sinn), gar eine einzige *Weltreligion*. Vielmehr schließen Weltgesellschaft und Weltzivilisation eine zum Teil sogar neu akzentuierte *Vielzahl von Kulturen und Religionen* ein. Eine einzige Weltreligion zu erhoffen, ist eine Illusion, sie zu befürchten Unsinn. Nach wie vor verwirrend ist in der Welt von heute die Vielfalt der Religionen, Konfessionen, Denominationen, der religiösen Sekten, Gruppen und Bewegungen. Ein kaum überschaubares Miteinander, Durcheinander und Gegeneinander, das nicht auf einen Nenner gebracht werden kann oder soll.

Und doch: Es gibt *Gemeinsamkeiten* in den Religionen. Alle Religionen – so verwirrend verschieden sie auch sind – sind Heilsbotschaften, die alle auf ähnliche *Grundfragen* des Menschen antworten, auf die ewigen Fragen nach Liebe und Leid, Schuld und Sühne, Leben und Tod: Woher die Welt und ihre Ordnung? Warum sind wir geboren und warum müssen wir sterben? Was bestimmt das Schicksal des Einzelnen und der Menschheit? Wie begründet sich das sittliche Bewusstsein und das Vorhandensein ethischer Normen? Und sie alle bieten über alle Weltdeutung hinaus auch ähnliche *Heilswege* an: Wege aus der Not, dem Leid und der Schuld des Daseins; Wegweisung für ein sinnvolles und verantwortungsbewusstes Handeln in diesem Leben – zu einem dauernden, bleibenden, ewigen Heil, der Erlösung von allem Leid, von Schuld und Tod. Der Theologe *Hermann Häring* fasst dies zusammen mit seiner These »Religionen sind zentrale Moralagenturen der Welt und als solche unverzichtbar.«

Keine Frage: Jede Religion ist als menschliches Phänomen *ambivalent* – ambivalent wie das Recht, die darstellende Kunst oder die Musik, die ja auch massiv missbraucht wurden und werden: Denn auch Religionen sind, soziologisch gesehen, Machtsysteme, die auf Stabilisierung und Machtausweitung bedacht sind. Sie verfügen über ein hohes Streitpotential. Sie verfügen aber auch über ein oft übersehenes

Friedenspotential. Religion kann aufputschen, gewiss, sie kann aber auch besänftigend wirken. Religion kann Kriege motivieren, schüren und verlängern, sie kann aber auch Kriege verhindern und abkürzen. Vor lauter strategischen, ökonomischen und politischen Aspekten darf auch heute die soziale, moralische und religiöse Dimension weltpolitischer Krisen nicht außer Acht gelassen werden.

Bei allem Konfliktpotential werden Religionen aber nicht selten auch instrumentalisiert für Zwecke der Machterhaltung bestimmter Gruppen. Oft liegen Religionen nicht am Ursprung der Konflikte, sondern werden nachträglich von Politik und Gesellschaft für deren Zwecke benutzt. Anders wären zum Beispiel die Konflikte auf dem Balkan nicht erklärbar. Aber die Religionsgemeinschaften und besonders die Religionsführer haben sich zu hüten vor einseitiger Parteinahme und haben ihre besondere Verantwortung wahrzunehmen. Sie sollten im eigenen Bereich für die andere Seite Verständnis wecken. Religionen sollen sich nicht einseitig mit einer bestimmten ethnischen Gruppe oder Nation identifizieren, sondern über die Grenzen von Ethnien und Nationen hinweg verbindend und vermittelnd wirken.

In allen großen Weltreligionen haben sich Denk- und Glaubenssysteme herausgebildet, die oft konkurrieren und nicht selten miteinander unvereinbar sind. Doch Frieden und Gerechtigkeit stehen im Zentrum aller religiösen Botschaften. Deshalb müsste ihre erste Aufgabe in dieser Zeit die Friedensstiftung untereinander sein, mit allen Mitteln, die heute auch die Medien bieten. Das heißt konkret:
- Missverständnisse aufklären,
- traumatische Erinnerungen aufarbeiten,
- Vorurteile und stereotype Feindbilder auflösen,
- Schuldkonflikte gesellschaftlich und individuell verarbeiten,

- Hass und Destruktivität abbauen,
- sich auf die Gemeinsamkeiten und die humanen Werte besinnen,
- konkrete Versöhnungsaktionen einleiten.

So können Religionen helfen, heutige und künftige Konflikte um ungleiche Verteilung von Wohlstand, endlichen Rohstoffen und Wasser oder die Folgen des Klimawandels zu entschärfen. Selbstverständlich sind Religionen nicht zuständig für die Lösung sämtlicher Weltprobleme. Aber sie können in Politik, Wirtschaft und Kultur helfen, sensibel zu werden für diese Probleme, und können mithelfen, auch unbequeme Lösungen durchzusetzen. Zudem haben neuere Untersuchungen gezeigt, dass Religionen und Religionsgemeinschaften über ganz eigene Möglichkeiten der Nichteskalation oder Deeskalation politischer Konflikte und der Friedenstiftung verfügen (vgl. *Markus Weingardt*, »Religion Macht Frieden. Das Friedenspotential von Religionen in politischen Gewaltkonflikten«, 2007). Die besonderen Möglichkeiten, die hier bestehen, sind Gewaltprävention, Menschenrechtsarbeit, öffentliche Stellungnahmen, gewaltloser Widerstand, gute Dienste, Vermittlung und sogar zeitweise Übernahme politischer Ämter und Funktionen.

Im Blick auf Friedensstiftung werden Religionen oft ungleich und ungerecht beurteilt: Im Westen gilt das Christentum häufig als Verbündeter für Menschenrechte und Rechtsstaatlichkeit. Der Islam hingegen gilt als Quelle von Terrorismus und fundamentaler Gewalt. Es gibt allenfalls noch den Hinweis, dass es in der Vergangenheit auch christlichen Fundamentalismus gegeben habe (Kreuzzüge), diese Fehlinterpretation aber mittlerweile überwunden wurde.

Nun hat jede Religion ihre eigene Geschichte und verdient eine differenzierte Beurteilung. Man sollte als Christ nicht blind sein für das Versagen der Kirchen in der Vergangenheit. Rechtsstaatlichkeit und Menschenrechte wurden zu einem schönen Teil gegen die heftige Opposition der Kirchen durchgesetzt. In der katholischen Kirche sind die Menschenrechte erst seit Papst Johannes XXIII. und dem Zweiten Vatikanischen Konzil anerkannt. Wie dem Christentum, so sollten wir daher auch anderen Religionen zugestehen, durch Prozesse des Lernens, der Selbst- und der Fremdkorrektur durchzugehen. Hier sollte am besten jeder erst den Balken im eigenen Auge entfernen, bevor er sich über die Splitter im Auge der anderen hermacht.

Grundsätzlich gilt: Humanität ist eine Mindestanforderung auch an jede Religion. Umgekehrt – es geht um ein dialektisches Wechselverhältnis – bietet Religion, richtig verstanden, eine optimale Voraussetzung zur Realisierung der Humanität.

Christliche Caritas, neutestamentlich verstanden, wertet Humanität nicht ab, sondern vertieft und radikalisiert sie (Menschenliebe – Feindesliebe).

Zu einer gerechten und fairen Beurteilung besonders der drei verwandten abrahamischen Religionen, Judentum, Christentum und Islam, kann zweifellos eine *trilaterale Methodik* verhelfen, wie ich sie in meinen Bänden »Das Judentum«, »Das Christentum« und »Der Islam« angewendet habe: Darlegung und Kritik an den einzelnen Religionen werden konstant verschränkt mit einer Kritik bzw. Selbstkritik der anderen. So wird sowohl eine Dialogizität nach außen als auch eine konzeptionelle Verklammerung meiner Trilogie nach innen erreicht.

Die jahrzehntelange Beschäftigung mit den Weltreligionen hat in mir die Überzeugung wachsen lassen, dass in jeder Religion mächtige Friedenspotentiale liegen. Und diese liegen besonders im Ethos.

(3) Weltethos: trotz großer »dogmatischer« Unterschiede gemeinsame ethische Standards beachten

Ein Erstes: Mit der Verständigung unter den Religionen soll, wie bereits betont, keine Front der Gläubigen gegen die Ungläubigen aufgemacht werden. Die römische Re-katholisierungskampagne besonders in Osteuropa, die man euphemistisch als Re-evangelisierung bezeichnet, ist hier kein Vorbild: Sie führt nur zum Neuaufwerfen der alten Konfliktgräben – wir brauchen nicht wieder eine Teilung der Gesellschaft und der politischen Parteien in Klerikale und Antiklerikale. Das Projekt Weltethos fordert geradezu die Allianz von Glaubenden und Nichtglaubenden für ein neues gemeinsames Basisethos.

Ein Zweites: Im Hinblick auf einen Grundbestand an Ethos, an gemeinsamen Werten, verbindlichen Maßstäben und persönlichen Grundüberzeugungen, haben die Religionen zweifellos eine besondere Funktion und Verantwortung. Was alle großen Religionen eint, ist im Einzelnen aufgrund der Quellen und Traditionen genau herausgearbeitet worden. Die Religionen können, wo sie wollen, mit noch anderer Autorität und Überzeugungskraft als Politiker, Juristen und Philosophen grundlegende *Maximen elementarer Menschlichkeit* zur Geltung bringen. Vor allem die *Regel der Humanität*: »Jeder Mensch muss menschlich behandelt werden!« Und dann die *Goldene Regel der Gegenseitigkeit*: »Was du nicht willst, dass man dir tut, das füg auch keinem anderen zu.«

Dies muss ins allgemeine Bewusstsein dringen: Alle großen Religionen fordern ja bestimmte »non-negotiable standards«: ethische Grundnormen und handlungsleitende Maximen, die von einem Unbedingten her begründet werden und deshalb für Hunderte von Millionen Menschen auch unbedingt gelten sollen – auch wenn sie im konkreten

Fall nicht immer befolgt werden. Doch Ethik ist natürlich immer auch *kontrafaktisch*: Es wird faktisch immer wieder gegen sie gehandelt. Aber es ist doch ein wesentlicher Unterschied, ob sie prinzipiell noch gilt oder ob sie faktisch unterwandert oder überspielt, verdrängt oder vergessen ist, ob man sich schuldig weiß, wenn man schuldig wird.

Hier hat die *Erklärung zum Weltethos*, die das Parlament der Weltreligionen am 4. September 1993 in Chicago verabschiedet hat, Konkretionen geboten. Es ist für die neuere Religionsgeschichte ein beispielloser Schritt, dass es einer Versammlung von Menschen aus allen Weltreligionen gelungen ist, sich auf ein Basisdokument zu einigen, das gemeinsame ethische Prinzipien und unverrückbare Weisungen formuliert hat. Alle Religionen können und sollen sich aktiv dafür einsetzen, und deren Anhänger sollten sich darauf verpflichten. Hier nochmals diese vier unverrückbaren Weisungen etwas konkretisiert:

– Die Verpflichtung auf eine Kultur der *Gewaltlosigkeit* und der *Ehrfurcht vor allem Leben*: »Nicht töten – aber auch nicht foltern, quälen, verletzen« – oder positiv: »Hab Ehrfurcht vor dem Leben!«

– Die Verpflichtung auf eine Kultur der *Solidarität* und eine *gerechte Wirtschaftsordnung*: »Nicht stehlen – aber auch nicht ausbeuten, bestechen, korrumpieren« – oder positiv: »Handle ehrlich und fair!«

– Die Verpflichtung auf eine Kultur der *Toleranz* und ein Leben in *Wahrhaftigkeit*: »Nicht lügen – aber auch nicht täuschen, fälschen, manipulieren« – oder positiv: »Rede und handle wahrhaftig!«

– Und schließlich, damit haben freilich alle Religionen auch die größten Probleme: Die Verpflichtung auf eine Kultur der *Gleichberechtigung* und die *Partnerschaft von Mann und Frau*: »Nicht Sexualität missbrauchen – aber auch nicht den

Partner überhaupt missbrauchen, erniedrigen, entwürdigen«
– oder positiv: »Respektiert und liebet einander!«

So mancher Theologe und Religionsgelehrte reagierte damals, 1993, überrascht auf dieses Dokument. Anderen hingegen – vor allem solchen mit Erfahrungen im interreligiösen Dialog – war die Weltethos-Idee sofort plausibel, viele hat sie geradezu elektrisiert. Die mitunter aufgeworfene Frage, ob es denn diesen in der Chicago-Erklärung formulierten Konsens tatsächlich auch gibt oder ob er nicht nur theologisches Wunschdenken interreligiöser Idealisten sei, kann klar beantwortet werden: Ja, es gibt diesen Religionen und Kulturen übergreifenden Konsens im Ethos! Wir finden diese Prinzipien und Werte in den Heiligen Schriften und Grundlagendokumenten der großen Weltreligionen, und in vielen religiösen und humanistischen Traditionen werden sie immer wieder thematisiert, bekräftigt und gelebt: nicht nur in den abrahamischen Religionen Judentum, Christentum und Islam, sondern auch in den Religionen indischen Ursprungs und in der chinesischen Tradition. Dies haben wir in unseren Arbeiten der letzten zwanzig Jahre minutiös aufgezeigt, und Interessierte wie Skeptiker finden in diesen Publikationen erschöpfend Antwort. Und wenn man sich mit Menschen aus diesen Kulturen und Religionen unterhält und danach fragt, welche Haltungen von ihren Traditionen gefordert sind und woran sie sich in ihrem Leben halten, dann wird man immer wieder diese und ähnliche Prinzipien zu hören bekommen. Und diese Prinzipien können auch von Nichtgläubigen geteilt werden, wenn es darum geht, ethische Verantwortung in Welt und Gesellschaft wahrzunehmen. Doch ist dabei die Religion nicht zu vernachlässigen.

(4) Das Plus der Religion

Bei aller Hochschätzung der Philosophie: Im Rückblick auf
die philosophische und religionswissenschaftliche Argumentation für ein Weltethos lässt sich nicht übersehen, dass wie
die Philosophie so auch die Religion ihre eigenen Stärken
hat. Neben der herausgearbeiteten ethischen Funktion zeigt
sich das Plus der Religion an folgenden Punkten:

– Mehr als die Philosophie, die mit ihren Ideen und Lehren
zumeist eine intellektuelle Elite anspricht, vermag die Religion auch breite Bevölkerungsschichten zu prägen und zu
motivieren.

– Zweitens spricht sie die Menschen nicht nur rational, sondern auch emotional an, nicht nur mit Ideen, Begriffen und
Worten, sondern auch mit Symbolen und Riten, Gebeten
und Festen, und erbringt so einen »Mehrwert« an Ganzheit-
lichkeit.

– Und drittens gründet die Religion auf uralten heiligen
Schriften und Überlieferungen, die aufgrund von religiösen
Erfahrungen normative Richtlinien für menschliches Ver-
halten bieten, welche die Moralität der Menschen oft seit
Jahrtausenden prägen. Ihre Traditionen stützen so die Ge-
nerationenkontinuität.

– Viertens vermag Religion durch die überlieferten Erfahrungen und Erzählungen, Symbole, Rituale und Feste eine
geistige Heimat und Gemeinschaft zu stiften, ein Zuhause
des Vertrauens, des Glaubens, der Gewissheit. Religiöse Praxis, individuelle wie das Gebet oder gemeinschaftliche wie
der Gottesdienst, vermögen Ich-Stärke, Geborgenheit und
Hoffnung zu vermitteln. Daraus kann nicht nur ein Zusam-
mengehörigkeitsgefühl hervorgehen, sondern auch Protest
und Widerstand gegen bestehende Unrechtsverhältnisse (gewaltlose Revolution mit Kerzen!).

– Und schließlich verfügen alle Religionen über Stifter- oder Symbolfiguren, die das Ethos nicht nur verkündet, sondern auch vorgelebt haben und in deren Namen nicht selten zur Nachfolge aufgerufen wird. Konkrete Lebensmodelle also, die auch heute, Jahrhunderte und Jahrtausende später, Wegleitung und Orientierung geben können.

III. Was bedeutet Weltethos praktisch?

1. Politik und Weltethos

Persönlicher Hintergrund: Die weltpolitischen Ereignisse seit der Kriegs- und Nachkriegszeit habe ich mit leidenschaftlicher Anteilnahme verfolgt. Der 1989 auch in den sozialistischen Ländern durchgebrochene Paradigmenwechsel war für mich der Anlass, meine im Laufe der Jahre herangereiften und unterdessen vielfach überprüften politischen Überzeugungen im Buch »Projekt Weltethos« (1990) zusammenzufassen. Nach den historisch-politisch-theologischen Untersuchungen »Das Judentum« (1991) und »Das Christentum« (1994) wollte ich geschichtsbewusst und gegenwartsnah darlegen, wie das »Weltethos für Weltpolitik und Weltwirtschaft« (1997) zur Geltung gebracht werden kann und soll. Ohne Kenntnis der Geschichte (etwa der »Realpolitik« von Machiavelli über Richelieu, Napoleon, Metternich, Bismarck und Palmerston bis zu Hans J. Morgenthau und Henry Kissinger) schien es mir unmöglich, den Paradigmenwechsel von jenem alten europäischen zum neuen polyzentrischen Paradigma zu analysieren und das komplexe System der gegenwärtigen Politik auch nur in Grundzügen zu verstehen.

Nach dem fatalen Rückfall der Vereinigten Staaten in das alte nationalistisch-imperialistische Paradigma der militärischen Konfrontation unter Präsident Bush jun. (2001–2009) wurde der Einsatz für ein neues Paradigma der internationalen Beziehungen noch dringender. Der unnütze zehnjährige Irakkrieg, in dem man sich über internationale Konventionen und christliche Moral hinwegsetzte, hatte einen hohen Preis: fast 5000 tote Soldaten aus Bushs »Koalition der Willigen«, über 100.000 tote irakische Zivilisten (eine Untersuchung von 2011 zählt sogar 160.000), mehr als eine Billion Dollar Kriegskosten und ein unabsehbarer Prestige- und Vertrauensverlust der USA in Ost und West.

Zum persönlichen Hintergrund gehört auch ein Satz der Dankbarkeit: Wollte ich all denen in der weiten Welt und besonders auch in den USA danken, die mir in über sechs Jahrzehnten durch Begegnungen, Gespräche und Bücher, auf Reisen, Kongressen, Expertentreffen, bei Gastsemestern und in meinem eigenen Haus geholfen haben, diese Welt, ihre Politik und Wirtschaft, zu verstehen, müsste ich allzu viele Seiten füllen.

Spätestens seit dem Zweiten Weltkrieg hatte sich – allen nur zu offenkundigen Widerständen zum Trotz – langsam und mühselig ein neues nachmodernes Paradigma von Politik durchgesetzt. Es ist nicht mehr eurozentrisch, sondern polyzentrisch bestimmt und zielt postkolonialistisch und postimperialistisch auf wahrhaft vereinte Nationen. Sicher ist, dass es angesichts dieser Entwicklung und einer neuen Epoche kaum noch geopolitische Machtstrategen alten Stils braucht. Vielmehr braucht es authentische und integre Staatsmänner, wie die großen des unmittelbaren Nachkriegs-Europa, die ein hohes Maß an Intelligenz, Entscheidungskraft und Stehvermögen aufweisen, aber gleichzeitig auch über eine ethisch bestimmte Vision und konkrete Konzepte verfügen, die sie in hohem Verantwortungsbewusstsein zu realisieren verstehen.

Das heißt: Es gibt, wenn auf hoher Warte angesiedelt, durchaus einen *Mittelweg zwischen Realpolitik und Idealpolitik*, der nichts mit Mittelmäßigkeit zu tun hat. Es ist dies der Weg einer Politik im Geist der Verantwortungsethik im Sinne von Max Weber und Hans Jonas. Was die Außenpolitik betrifft, so ergeben sich daraus zunächst zwei negative Abgrenzungen:

(1) Keine rücksichtslose Realpolitik

Nicht tauglich für eine neue Weltordnung ist die *bloße Erfolgsethik der Realpolitiker*, für die der politische Zweck alle Mittel, auch unmoralische wie Lug, Betrug, Verrat, Folter, politischen Mord und Krieg, »heiligt«. Weder die Diplomatie noch die Geheimdienste noch die Polizei stehen über der Moral. Solcher Machiavellismus, der von Machiavelli nur die amoralischen Ratschläge übernimmt, hat unendlich viel Leid, Blut und Tränen über die Völker gebracht. Und man denke da nicht nur an Horrorgestalten wie Hitler und Stalin, Pol Pot (Kambodscha) und Idi Amin (Uganda). Man denke auch nicht nur an Geheimpolizei und Geheimdienste verschiedener Staaten, die (wie der KGB der Sowjetunion, die Stasi der DDR, aber auch die CIA der Vereinigten Staaten) Mordkomplotte schmiedeten und Rechtsbrüche begingen, ja, Erpressung, Entführung, Folter und Morde mit Erfolg auch andere lehrten. Man denke schließlich auch an die vielen Politiker, die weniger Staatsmänner als charakterlose Opportunisten waren, deren einzige politische Konstante in Innen- oder Außenpolitik die Förderung ihrer eigenen Macht und Wiederwahl war und die gerade so keine Wiederwahl verdient hätten. Trotzdem:

(2) Aber auch keine moralisierende Gesinnungsethik

Nicht tauglich für eine neue Weltordnung ist auch die *bloße Gesinnungsethik der Idealpolitiker*, für die eine rein moralische Motivation und der gute Zweck ausreichen, die sich aber um reale Machtverhältnisse, konkrete Durchsetzbarkeit wie um mögliche negative Folgen allzu wenige Gedanken machen. »Gut gemeint« ist auch in der Weltpolitik oft »das Gegenteil von gut«. Apokalyptiker können ebenso Schaden anrichten wie Verharmloser. Nein, gute Motive garantieren noch keine gute Politik. Wer gute Intentionen hat, kann sich zwar selber gut vorkommen und anderen gut erscheinen, doch gute Resultate erbringt seine Politik deshalb noch keineswegs. Zur Kunst der Politik gehört die Abschätzung nicht nur der beabsichtigten Folgen, sondern auch der keineswegs beabsichtigten, aber oft höchst schwerwiegenden Nebenfolgen. Wer nur gut handeln möchte ohne Rücksicht auf die möglichen üblen Folgen und Nebenfolgen, handelt letztlich unverantwortlich, gar schuldhaft, auch wenn er bei Misserfolgen gerne den anderen oder den Umständen die Schuld gibt. Auch falscher Idealismus hat manchmal ganze Völker irregeführt und in ein unrealisierbares »Nirgend-wo«, in eine »U-topie« gelockt. Und dies nicht nur in den Kreuzzügen und den sogenannten Religionskriegen, sondern auch in den modernen Kriegen der Nationen und Ideologien. Nicht nur auf die Motive, sondern auf die Resultate kommt es an, deshalb bedarf die institutionenorientierte politische Ethik der Ergänzung durch eine *resultatorientierte Ethik* (A. Riklin). Das positive Fazit deshalb:

(3) Ein Mittelweg der verantworteten Vernunft

Tauglich für eine neue Weltordnung ist nur eine *Ethik der Verantwortung*. Dieser Mittelweg bedeutet alles andere als Mittelmäßigkeit! Die Ethik der Verantwortung setzt eine Gesinnung voraus, fragt aber realistisch nach den voraussehbaren, besonders auch negativen Folgen einer bestimmten Politik und übernimmt dafür auch die Verantwortung. Die Kunst der Politik im nachmodernen Paradigma besteht darin, das politische Kalkül (der modernen Realpolitik) und das ethische Urteil (der Idealpolitik) überzeugend zu verbinden, immer neu miteinander abzuwägen und immer wieder neu zu suchen. Verantwortungsethik, wie ich sie verstehe, meint also nicht eine modern-autonome »Politik ohne Normen«, aber auch nicht eine quasi mittelalterlich-heteronome »Politik nach Normen«. Vielmehr plädiere ich auch hier für einen *Mittelweg der verantworteten Vernunft* zwischen zwei Extremen:

Das eine Extrem ist ein *unverantwortlicher Machiavellismus und Libertinismus* (exemplarisch der frühere italienische Ministerpräsident Silvio Berlusconi), der in der Politik wie im persönlichen Leben meint, auf alle ethischen Grundsätze, Maßstäbe und Maximen verzichten zu können, der sich einfach nach der gerade gegebenen und ja auch immer wieder wechselnden Situation orientieren will: eine Entscheidung nur auf den anstehenden Fall ausgerichtet, rein aus dem gegenwärtigen Moment heraus. Auch Versprechungen und Verträge gelten in solcher Sicht nur »rebus sic stantibus«, solange die Dinge sind, wie sie sind. Bei veränderter Situation ist Vertragsbruch selbstverständlich. Loyalitäten und Allianzen sind ohnehin wechselnd.

Das andere Extrem ist ein *unvernünftiger Legalismus und Dogmatismus*, der sich in Politik wie persönlichem Leben unbekümmert um die betreffende Situation unflexibel einfach an den Buchstaben des angeblich göttlichen Gesetzes halten will (Exempel liefern die Restaurationspäpste Wojtyla und Ratzinger). Kirchenpolitische Grundsätze, Maßstäbe und früher vielleicht sinnvolle Maximen wurden – bezüglich Empfängnisverhütung, Kondomgebrauch und Bevölkerungspolitik bis hin zu Abtreibung und Sterbehilfe – zu unfehlbaren, ausnahmslosen, in jeder Situation bedingungslos geltenden kirchlichen Gesetzesparagraphen.

(4) Statt Thetik oder Taktik eine verantwortete Gewissensentscheidung

Die Verantwortung hat mehrere Dimensionen: Ich bin verantwortlich anderen Menschen gegenüber, verantwortlich gegenüber mir selber, meinem Gewissen gegenüber, als religiöser Mensch verantwortlich gegenüber Gott. Auch für den Politiker gibt es Situationen, in denen Luthers »Hier stehe ich und kann nicht anders!« gilt, eben eine ganz persönliche *Gewissensentscheidung* fällig ist. Prinzipiell ist der ethische Imperativ zweifellos immer situationsbezogen. Doch in einer bestimmten Situation kann er durchaus kategorisch sein, eine Gewissensverpflichtung ohne jegliches Wenn und Aber, nicht hypothetisch, sondern unbedingt. Für die politische Ethik bedeutet dies alles:

– Politische Ethik meint nicht die unflexible *doktrinäre Thetik* von Dogmatikern, die jeden Kompromiss ablehnen: Ethische Normen ohne Berücksichtigung der politischen Situation sind kontraproduktiv; ethische Entscheide sind immer konkret.

– Politische Ethik meint nicht die gewiefte *clevere Taktik* von Opportunisten, die für alles eine Entschuldigung haben. Wenn eine politische Situation nicht mehr an ethischen Normen gemessen wird, hat dies Gewissenlosigkeit zur Folge. Taktisch-strategische Überlegungen auf Kosten ethischer Prinzipien können auch politisch teuer zu stehen kommen.

– Politische Ethik meint stattdessen eine *Gewissensverpflichtung*, die nicht auf das abstrakt Gute oder Richtige, sondern auf das konkret Gute oder Richtige zielt: eben das in einer bestimmten Situation Angemessene, in dem sich eine allgemeine normative Konstante mit einer besonderen situationsbedingten Variablen verbindet. Verantwortungsethik und Prinzipienethik, die sich von Machiavellismus und Prinzipienreiterei fernhalten, können kooperieren. Nur so ist Gewähr gegeben, dass die drei Qualifikationen, die Max Weber vom Politiker verlangt – Leidenschaft, Verantwortungsgefühl und Augenmaß –, richtig zur Anwendung kommen.

Doch politische Ethik bezieht sich keineswegs allein auf politisch handelnde Individuen, sondern auch auf die institutionellen und kollektiven Akteure der Politik, und dies nicht nur auf der lokalen und nationalen Ebene, sondern in der globalen Perspektive. Denn:

(5) Keine globale Politik ohne globales Ethos

Auch in der »realistischen« Politikwissenschaft wird man immer mehr auf das Problem der *globalen ethischen Verantwortung* aufmerksam, die selbstverständlich nicht nur für die Führungselite gilt. Als ich im Jahre 1990 das Buch »Projekt Weltethos« veröffentlichte, konnte ich kaum auf Dokumente von Weltorganisationen zu globalen ethischen Prinzipien verweisen. Schon drei Jahre nach Erscheinen von »Projekt Weltethos« kam es zur Proklamation der *Weltethos-Erklärung des Parlaments der Weltreligionen* (1993). Und wiederum vier Jahre später, als ich eine realistische zukunftsweisende Gesamtschau unter dem Titel »*Weltethos für Weltpolitik und*

Weltwirtschaft« entwickelte, existierten, wie bereits erwähnt, drei weitere wichtige internationale Dokumente, die programmatisch ein globales Ethos fordern und es sogar schon zu konkretisieren versuchen. Denn gerade im Zeitalter der Globalisierung ist ein globales Ethos unabdingbar, und die Menschheit bezahlte teuer dafür, dass ihre Staatsmänner es oft so wenig beachteten. Es sei hier nur knapp auf folgende Dokumente hingewiesen (vgl. Kap. IV):

– der Bericht der von der UNO eingesetzten Kommission für Weltordnungspolitik (The Commission on Global Governance),

– der Bericht der Welt-Kommission für Kultur und Entwicklung (World Commission on Culture and Development),

– der Vorschlag des *InterAction Councils* (IAC) früherer Staats- und Regierungschefs für eine Allgemeine Erklärung der Menschenpflichten/Universal Declaration of Human Responsibilities.

Schon im Jahr 2000, lange vor dem Ausbruch der Weltfinanz- und Wirtschaftskrise, hatte der damalige Chef des Internationalen Währungsfonds, Dr. Horst Köhler, in seiner Antrittsrede in Prag zur Bewältigung der globalen Probleme auch eine Globalisierung des Ethos angemahnt: »Indeed, the global economy needs a global ethic as Hans Küng says.«

Das Statement, das ich selber als Mitglied der von UN-Generalsekretär Kofi Annan einberufenen »*Gruppe herausragender Persönlichkeiten*« im Anschluss an die Debatte über den »*Dialog der Kulturen*« am 9. November 2001 vor der UN-Generalversammlung abgeben durfte, bleibt meine Überzeugung: »Viele Menschen fragen sich angesichts der heutigen Irrungen und Wirrungen: Wird das 21. Jahrhundert wirklich besser sein als das 20. Jahrhundert voll von Gewalt und Kriegen? Werden wir eine neue Weltordnung, eine bessere Weltordnung wirklich erreichen? ... Unsere Gruppe legt eine solche Vision eines neuen Paradigmas internationaler Beziehungen vor, welches auch neue Akteure in der globalen Szene in Betracht zieht.

In unseren Tagen treten die Religionen wieder als Akteure in der Weltpolitik in Erscheinung. Es ist wahr, viel zu oft haben die Religionen im Lauf der Geschichte ihre zerstörerische Seite gezeigt. Sie haben Hass, Feindschaft, Gewalt, ja, Kriege angeregt und legitimiert. Aber in vielen Fällen haben sie Verständigung, Versöhnung, Zusammenarbeit und Frieden angeregt und legitimiert. In den letzten Jahrzehnten sind überall auf der Welt verstärkt Initiativen des interreligiösen Dialogs und der Zusammenarbeit der Religionen entstanden. In diesem Dialog entdeckten die Religionen der Welt wieder, dass ihre eigenen ethischen Grundaussagen jene säkularen ethischen Werte unterstützen und vertiefen, die in der Allgemeinen Erklärung der Menschenrechte enthalten sind.

Auf dem Parlament der Weltreligionen 1993 in Chicago erklärten über 200 Vertreter und Vertreterinnen aus allen Weltreligionen zum ersten Mal in der Geschichte ihren Konsens über einige gemeinsame ethische Werte, Standards und Haltungen als Basis für ein Weltethos, die dann in den Bericht unserer Gruppe für den Generalsekretär und die Vollversammlung der Vereinten Nationen aufgenommen wurden ...

Gerade im Zeitalter der Globalisierung ist ein solch globales Ethos absolut notwendig ...: Die Globalisierung braucht ein globales Ethos nicht als zusätzliche Last, sondern als Grundlage und Hilfe für die Menschen, für die Zivilgesellschaft. ... Einige Politologen sagen für das 21. Jahrhundert einen ›Zusammenprall der Kulturen‹ voraus. Dagegen setzen wir unsere anders geartete Zukunftsvision; nicht einfach ein optimistisches Ideal, sondern eine realistische Hoffnungsvision: Die Religionen und Kulturen der Welt, im Zusammenspiel mit allen Menschen guten Willens, können einen solchen Zusammenprall vermeiden helfen.«

Der von unserer Gruppe erarbeitete Vorschlag für Grundlinien eines neuen Paradigmas internationaler Beziehungen, für ein zukünftiges Modell des Miteinanders der Kulturen und Religionen, wurde schließlich unter dem Titel »Crossing the Divide«/»Brücken in die Zukunft« der Öffentlichkeit zugänglich gemacht und harrt in vielem der Verwirklichung (vgl. Kap. IV, 5).

2. Wirtschaft und Weltethos

Persönlicher Hintergrund: Die Wirtschaft stand für das Projekt Weltethos von Anfang an – zusammen mit den Religionen, der Politik und der Erziehung – im Zentrum unserer Bemühungen. Als Folgepublikation des Buches »Projekt Weltethos« erschien 1997 mein »Weltethos für Weltpolitik und Weltwirtschaft«. Nach wiederholter Teilnahme am Weltwirtschaftsforum in Davos nahm ich im folgenden Jahr in Kuala Lumpur an der Jahreskonferenz der International Confederation of Stock Exchanges teil mit dem Referat »Ethical Standards of International Financial Transactions«. Und wie die Weltethos-Erklärung von 1993 enthält auch der Vorschlag einer Allgemeinen Erklärung der Menschenpflichten des InterAction Councils früherer Staats- und Regierungschefs einen Abschnitt über gerechte Wirtschaftsordnung. Direkt der Thematik gestellt haben wir uns 2001 bei einem internationalen und interdisziplinären Symposion in Baden-Baden mit dem Thema »Globale Unternehmen – globales Ethos: der globale Markt erfordert neue Standards und eine globale Rahmenordnung«, das anschließend als Buch veröffentlicht wurde.

Auf der Linie all dieser Vorarbeiten lag dann die Ausarbei-
tung eines Manifests für ein globales Wirtschaftsethos im Jahre
2009, das von einer Expertengruppe der Stiftung Weltethos aus
Wirtschaftswissenschaftlern, Unternehmern und Ethikern ver-
fasst wurde (vgl. Kap. IV, 3). Gleichzeitig hatte ich, durch die
unterdessen ausgebrochene Weltfinanz- und Weltwirtschafts-
krise bestätigt, jene Publikation von 1997 über Weltethos und
Weltwirtschaft völlig überarbeitet und ausgebaut für das Buch
»Anständig wirtschaften. Warum Ökonomie Moral braucht«,
erschienen 2010. Auch hier habe ich der historischen Entwick-
lung, welche die gegenwärtige Weltkrise zu erklären vermag,
besondere Aufmerksamkeit gewidmet. Kritische Rückfragen
stellte ich sowohl an das wirtschaftspolitische Konzept des
ökonomischen Ultraliberalismus (»Domestizierung des Ethos
durch die Ökonomie!«) als auch an das der sozialen Markt-
wirtschaft (»Die neuen ökologischen und ethischen Herausfor-
derungen«). Auf dieser soliden historischen Basis folgte dann
die Diskussion der »Auswege aus der Krise« und eine systema-
tische Darlegung für ein »Wirtschaften aus Verantwortung«
mit praktischen Anwendungen. Ich versuche im Folgenden, die
wichtigsten Gesichtspunkte zusammenzufassen:

(1) Welches wirtschaftspolitische Konzept? Marktwirt-
schaft sozial

Im großen Widerstreit zweier sozialphilosophisch-wirt-
schaftspolitischer Konzepte hat die Marktwirtschaft eindeutig über die Planwirtschaft gesiegt. Die Diskussion dreht
sich seither um die Frage: Welche Marktwirtschaft? Da ist,
vorangetrieben vor allem durch die USA, die prädikatlose,
ungeregelte Marktwirtschaft oder *Marktwirtschaft pur.*

Aber nach den verheerenden Erfahrungen der vergangenen und gegenwärtigen Weltfinanz- und Wirtschaftskrise

dürfte es schwer sein, Menschen heute von der »Marktwirtschaft pur« zu überzeugen. Es geht vielmehr darum, eine sozial verpflichtete Marktwirtschaft oder *soziale Marktwirtschaft* zu etablieren. Die soziale Marktwirtschaft wurde nach dem Zweiten Weltkrieg in exemplarischer Weise in der Bundesrepublik Deutschland realisiert, befindet sich aber ebenfalls in einer Krise, die vor allem den Umbau des wuchernden Sozialstaats erfordert.

(2) Wege aus der Weltwirtschaftskrise? Drei Komplexe des Versagens

– Ein Versagen der *Märkte* selber: Moral hazard, exzessive Spekulation (Immobilien- und Aktienmarkt), überbewertete Währung, schlechtes Timing der kurzfristigen Schulden, Präsenz eines starken Schwarzmarktes, ein Ansteckungseffekt.

– Ein Versagen der *Institutionen*: unzureichendes Funktionieren von Regulierungs- und Überwachungssystem, Bankensystem, rechtlicher Infrastruktur und Finanzsystem, mangelnder Schutz der Eigentumsrechte, Mangel an Transparenz und inadäquate Bilanzstandards.

– Ein Versagen der *Moral*, das dem Versagen der Märkte und Institutionen zugrunde liegt: »Crony«- und Mafia-Kapitalismus, Bestechung und Korruption, Mangel an Vertrauen und sozialer Verantwortung, exzessive Raffgier der Investoren oder Institutionen (J. H. Dunning).

Es muss deutlich werden, dass in der Wirtschaft die Moral, das Ethos nicht etwas Marginales ist oder nur etwas künstlich Aufgesetztes, sondern dass man hier mit Recht von einem »Moral Framework« spricht, das sowohl mit den Märkten wie mit den Regierungen, mit den Wirtschaftsverbänden und mit den supranationalen Organisationen in Interdependenz und Interaktion steht. Mit Ethos sind also nicht nur »moralische Appelle« gemeint, sondern moralisches Handeln.

(3) Verantwortungsvolles Wirtschaften: ohne institutionalisierte Gier und Lüge

Wir brauchen, so machte es bereits die asiatische Finanzkrise der 1990er-Jahre klar, eine *Neuordnung des globalen Finanzsystems*. Eine solche erfordert eine Besinnung auf das notwendige Minimum an bestimmten ethischen Werten, Grundhaltungen und Maßstäben. Ein *Weltethos für diese Weltgesellschaft und Weltwirtschaft* tut not, auf das sich alle Nationen und alle Interessengruppen verpflichten können. Wie eine *Rahmenordnung* für die Finanzmärkte (ähnlich wie seinerzeit das Bretton-Woods-Abkommen) *global gelten* müsste, damit die Teilnehmer bei Einschränkungen nicht einfach in andere Märkte fliehen, *so müsste auch ein ethischer Grundkonsens global gelten*, damit ein einigermaßen friedliches und gerechtes Zusammenleben auf unserem Globus gewährleistet ist. Also:

(4) Globale Marktwirtschaft erfordert ein globales Ethos der Humanität

Markt und Ethik sind nicht zwei unversöhnbare Welten, aber es muss klar sein, was den Vorrang (Primat) hat – jedenfalls nicht der Markt:
– Es gilt *der Primat der Politik gegenüber der Ökonomie*: Die Wirtschaft darf nicht nur im Dienst der angeblich rationalen strategischen Selbstbehauptung des Homo oeconomicus funktionieren. Die Politik, die sich um Menschen, Gemeinschaft und Menschheit als Ganze kümmert, muss die Regeln setzen, und die Wirtschaft muss sich daran halten.

– Zugleich gilt *der Primat des Ethos gegenüber Ökonomie und Politik*: So grundlegend Wirtschaft und Politik sind, sie sind nur einzelne Dimensionen der allumfassenden Lebenswelt des Menschen, die um der Menschlichkeit des Menschen willen ethischen *Maßstäben der Humanität* unterworfen sein müssen.

Das heißt: Weder die Ökonomie noch die Politik haben also den Vorrang, sondern die in allem zu wahrende unantastbare *Würde des Menschen* und die *mit dem Menschsein* gegebenen *Grundrechte und Grundpflichten*. Es kann eine von Wirtschaftsinteressen unabhängige, aber keine von ethischen Normen losgelöste Politik geben. Doch was für eine Ethik soll gelten?

(5) Keine unökonomische Gesinnungsethik

Nicht tauglich für eine neue Weltwirtschaftsordnung ist die *bloße Gesinnungsethik der Ideal-»Ökonomen«*. Für sie reichen eine rein moralische Motivation und der gute und oft hehre Zweck (Gerechtigkeit, Liebe, Wahrheit, Frieden) aus. Um gegebene ökonomische Gesetzlichkeiten und die konkrete Durchsetzbarkeit in einem hochkomplexen Wirtschaftssystem scheinen sie sich nur wenig Gedanken zu machen. Eine solche idealökonomische Gesinnungsethik pflegt Gewinnstreben prinzipiell oder zumindest für konkrete Fälle als von vornherein unmoralisch zu diskreditieren.

Dagegen ist zu sagen: Für die Allgemeinheit *moralische Forderungen bar aller ökonomischen Rationalität* zu erheben, ohne also die Gesetzlichkeiten der Wirtschaft zu beachten, bedeutet keine Moral, sondern *Moralismus*. Wettbewerb, Verfolgen von Eigeninteressen und Gewinnstreben, wenn sie höhere Güter und die Rechte anderer nicht verletzen, sind legitim.

(6) Auch keine gesinnungslose Erfolgsethik

Ebenso ist zu formulieren: Auch nicht tauglich für eine neue Weltwirtschaftsordnung ist die *bloße Erfolgsethik der Real-Ökonomen*. Für sie »heiligt« der Gewinn alle Mittel, im »Notfall« auch unmoralische wie Vertrauensbruch, Lug und Trug sowie hemmungslose Raffgier. Sittlich berechtigtes Gewinnstreben wird hier zu einem dogmatischen »Gewinnprinzip« oder gar »Gewinnmaximierungsprinzip« erhoben.

Dagegen ist zu sagen: Dogmatisch *ökonomische Auffassungen bar aller ethischen Normen* zu vertreten, ist nicht Ökonomie, sondern ökonomischer Reduktionismus, *Ökonomismus*. Dem Erfolg kann keinesfalls einseitig der Primat zugestanden werden. Wahrnehmen der eigenen Interessen und jedes unternehmerische Handeln müssen sich letztlich immer auch ethisch verantworten, selbst wenn dies im konkreten Fall des Konkurrenzdrucks eine Zumutung bedeuten mag.

Deshalb jetzt die positive Antwort: Tauglich für eine neue Weltwirtschaftsordnung ist nur ein Handeln realistischer Ökonomen mit idealistischem Horizont nach einem *Ethos der Verantwortung*. Solches Ethos setzt auch in der Wirtschaft eine Selbstbindung an das Gewissen und an Werte voraus, fragt aber realistisch nach den voraussehbaren, besonders auch negativen Folgen wirtschaftlicher Entscheidungen und übernimmt dafür die Verantwortung. Die richtige Gewissensentscheidung setzt Informationen und Kritikfähigkeit voraus und kann angesichts einer bleibenden letzten Unsicherheit intuitiv, wenn auch nicht irrational erfolgen.

Ein verantwortetes Wirtschaften in heutiger Zeit besteht also darin, die *wirtschaftlichen Strategien und das ethische Urteil* überzeugend zu verbinden. Dieses neue Paradigma von Wirtschaftsethos wird darin konkret, dass es – bei allem selbstverständlichen Gewinnstreben – wirtschaftliches

Handeln auch daraufhin überprüft, ob es höhere Güter oder Werte verletzt, ob es *sozial-, umwelt- und zukunftsverträglich*, kurz, ob es wahrhaft menschlich, *humanistisch* ist.

(7) Für eine ethisch fundierte Unternehmenskultur

Richten wir nun unseren Blick von der global-wirtschaftlichen Perspektive auf die Ebene der Unternehmen. Vom Führungspersonal in der Wirtschaft wird heutzutage eine dreifache Kompetenz gefordert, die natürlich je nach Unternehmen verschieden groß sein kann:

– *ökonomische* Kompetenz im Hinblick auf den Markt, die Unternehmen und den Einzelnen;

– *politische* Kompetenz im Hinblick auf die Institutionen: lokale, regionale, nationale Verantwortungsträger und internationale Organisationen;

– *ethische* Kompetenz im Hinblick auf Persönlichkeit und Charakter. Ein Unternehmer oder ein Manager muss nicht nur strategisch denken, sondern auch vorleben, was er von anderen verlangt. Es hängt letztlich vom Einzelnen ab, welcher *Geist* in einem Unternehmen herrscht.

Eine gute, womöglich *ethisch fundierte Unternehmenskultur* ist freilich nicht selbstverständlich, ein Unternehmen muss aktiv etwas dafür tun – und zwar immer wieder neu. Es genügt nicht, auf Hochglanzbroschüren Leitlinien und Unternehmensziele zu definieren, in der Annahme, sie würden damit auch umgesetzt und man hätte seiner Verantwortung damit genüge getan. Eine Wertekultur entsteht nur in einer Atmosphäre des Vertrauens, das wiederum die Grundlage ist für Fairness und Loyalität. Das heißt konkret:

Erstens: »*Compliance*«, die Befolgung von Gesetzen, ist zu Recht eine Grundanforderung an heutige Unternehmenskultur. Denn selbst in renommierten westlichen Unternehmen wurde und wird möglicherweise noch immer betrogen, manipuliert und korrumpiert. Aber ohne einen Sinn für Integrität und ohne ein echtes Verständnis für Werte wie Wahrhaftigkeit und Gerechtigkeit, für die auf allen Unternehmensebenen aktiv geworben werden muss, wird es langfristig kaum Besserung geben.

Zweitens: Dass sich heute immer mehr Unternehmen zu ihrer sozialen Verantwortung, der »*Corporate Social Responsibility*«, bekennen, ist zu begrüßen. Doch nicht selten erschöpft sich dieses Bekenntnis in punktuellen sozialen, kulturellen oder ökologischen Initiativen. Echte soziale Verantwortung geht weit darüber hinaus. Sie betrifft die gesamte Geschäftstätigkeit eines Unternehmens, die Mitarbeiter und alle vom Unternehmen betroffenen Menschen. Und sie gründet in einem Bewusstsein für Werte wie Verantwortung, Menschlichkeit und Solidarität, die zur Grundlage einer wirklich verantwortlichen Unternehmenskultur werden müssen.

Drittens: Ungezählte Unternehmen haben in den letzten Jahren aufwendige Leitbildprozesse durchlaufen, haben Strukturen implementiert, Institutionen geschaffen und Dokumente verabschiedet. Oft hat sich dadurch an der Unternehmenskultur aber wenig geändert. Leitbilder brauchen ein Fundament. Sie brauchen die *Bereitschaft aller Beteiligten*, diese Leitbilder im Unternehmensalltag auch umzusetzen. Den Leitbildern sollte die *innere Haltung* derer entsprechen, für die sie gedacht sind. Deshalb muss man über diese inneren Haltungen (»Tugenden«) sprechen, müssen ethische Überzeugungen und Werte, auch in den Führungsetagen, offen und ehrlich thematisiert und vor allem gelebt werden.

Eine besondere Rolle kommt in der Tat den *Führungskräften* zu (K. Leisinger). Wertevermittlung ist immer ein »Top-Down-Prozess«, der oben anfangen muss, wenn er nach unten gelingen will. Wie in der Erziehung, so lebt auch in einem Unternehmen die Wertevermittlung von *Vorbildern*. Von den Verantwortungs- und Entscheidungsträgern müssen die Werte vorgelebt werden, sie müssen unternehmensintern kommuniziert werden und sie müssen für die Mitarbeiterinnen und Mitarbeiter erfahrbar gemacht werden. Dass solche Prozesse am besten in »flachen« Hierarchien und in möglichst kleinen Einheiten mit möglichst gut qualifizierten und motivierten Mitarbeitern gelingen, liegt auf der Hand. Je größer, unüberschaubarer und anonymer die Strukturen, desto schwieriger sind solche Prozesse.

In allen Unternehmen spielen aber die *Auswahlkriterien* sowie die *Beförderungspraxis* für das Führungspersonal eine entscheidende Rolle. Ob Mitarbeiter mit ethischen Überzeugungen, mit emotionaler Intelligenz und Sozialkompetenz in Führungspositionen gelangen, wirkt sich nicht nur unmittelbar auf Unternehmensentscheidungen und die jeweilige Unternehmenspolitik aus. Es hat eine nicht zu unterschätzende Signalwirkung im Unternehmen selber und weit darüber hinaus. Die von Kritikern oft gestellte Frage, ob denn *erfolgreiches Wirtschaften und ethische Überzeugungen* überhaupt zu vereinbaren sind, ist mit Verweis auf solche Beispiele, die es in vielen Unternehmen gibt, entschieden mit Ja zu beantworten. Und die heranwachsende Generation zukünftiger Führungskräfte – dies zeigen Beispiele aus Universitäten und Business Schools weltweit – ist in der heutigen Krisenzeit ethischen Fragen gegenüber viel selbstverständlicher aufgeschlossen, als dies manche ihrer Lehrer, oft noch einem alten Paradigma verhaftet, wahrhaben wollen.

(8) Ein Manifest für ein globales Wirtschaftsethos

Dieses Manifest – der Text (siehe Kap. IV, 3), Hintergrundinformationen und Kommentare finden sich im Internet auf

»www.globaleconomicethic.org« – *fasst den Inhalt eines Welt-wirtschaftsethos präzise zusammen: Die beiden Prinzipien aus der Weltethos-Erklärung von 1993 – das Humanitäts- und Gegenseitigkeitsprinzip – bilden auch die Grundlage (Teil I) des neuen Manifests (Art. 1–4). Und wie in der Weltethos-Erklärung bauen im Manifest jene vier Imperative darauf auf, von denen bereits die Rede war: nicht morden (vgl. Art. 5–6), nicht stehlen (vgl. Art. 7–9), nicht lügen (vgl. Art. 10–11), nicht Sexualität missbrauchen (vgl. Art. 12–13).*

Was ist das *Besondere dieses Manifests*? Es gibt ja heute in der Tat schon eine Fülle von durchaus nützlichen Ethikerklärungen, »Codes of Conduct«, Unternehmensleitsätzen. Diese sollen durch das Manifest nicht ersetzt werden. Vielmehr bietet das Manifest einen Maßstab, an dem sich die Praxis in einem Unternehmen und die dort gesteckten Ziele messen lassen. Das Charakteristikum unseres Manifests zeigt sich vor allem in zwei Dimensionen:

1. Es manifestiert erstens die *Kontinuität* dieser Werte und Standards *in der Zeit*, die sich trotz aller Brüche durchhält. Diese Werte und Standards haben die Autorität der großen religiösen und ethischen Traditionen der Menschheit hinter sich, wie sie sich in zahllosen Zeugnissen der verschiedenen Kulturen im Lauf der Jahrhunderte niedergeschlagen haben. Sie sind also keine Erfindungen unserer Zeit, sondern stammen aus dem ethischen Erfahrungsschatz der Menschheit, der sich angesammelt hat, seit der Mensch, aus dem Tierreich aufsteigend, lernen musste, sich wahrhaft menschlich, human zu benehmen! Lernen zum Beispiel, nicht andere Menschen zu töten, wie er – natürlich nicht uneingeschränkt! – Tiere töten darf.

2. Unser Dokument für ein Weltwirtschaftsethos manifestiert zweitens die *Universalität* dieser Werte und Normen *im Raum*, die sich trotz aller offenkundiger kultureller

Bedingtheit keineswegs zufällig offenbart – inwiefern? Weil die Menschen, wie wir hörten, in allen Kulturen daran interessiert waren, das Leben, das Eigentum, die Ehre und die Geschlechtlichkeit unter einen besonderen Schutz zu stellen. Insofern sind die Werte und Normen keineswegs willkürlich gewählt: Gewaltlosigkeit und Achtung vor dem Leben, Gerechtigkeit und Solidarität, Wahrhaftigkeit und Toleranz, gegenseitige Achtung und Partnerschaft sind in zentralen Lebensbereichen strukturell begründet.

Dieses Manifest bietet nicht nur allgemein formale, moralische Regeln oder Forderungen wie »Verantwortung« oder »Gemeinwohl«, sondern inhaltlich bestimmte Werte und ethische Standards. Dieses Manifest ist kein Gesetz, das mit Sanktionen durchgesetzt werden soll, sondern ein Appell zur Selbstverpflichtung, der freilich den Sanktionen des Gewissens unterliegt. Dieser Appell richtet sich nicht nur an Wirtschaftsführer, Unternehmer und Investoren, sondern auch an Kreditgeber, Mitarbeiter, Kunden, Konsumenten und die jeweiligen Interessenverbände in allen Ländern der Welt. Damit richtet er sich auch an die politischen und staatlichen sowie internationalen Organisationen und Institutionen, die allesamt eine wesentliche Verantwortung für die Herausbildung und Umsetzung eines solchen globalen Wirtschaftsethos haben.

Für das neue Paradigma der Ökonomie und das Manifest für ein globales Wirtschaftsethos tritt kraftvoll ein der renommierte amerikanische Ökonom Professor Jeffrey Sachs, Direktor des Earth Institute an der Columbia University (New York). Im Geleitwort zur deutsch-englischen Druckausgabe des Manifests schreibt er: »Zum chronischen Mangel an Achtung der Armen dieser Welt und zu den schäbigen Geschäftspraktiken vieler weltführender Firmen kommt als Drittes der Moralverfall unserer Zeit hinzu: das Fehlen effektiver Entscheidungen, die Erde physisch vor Schädigungen zu schützen, die vom unkontrollierten Gebrauch der natürlichen Ressourcen herrühren.« Und er fährt fort: »Diese Probleme betreffen Institutionen, Organisationen, die Technik und das öffentliche Verständnis. Aber wie Hans Küng, Klaus M. Leisinger und Josef Wieland hervorragend deutlich machen, sind dies auch Probleme einer moralischen Handlungsweise. Ethische Standards werden benötigt, um das öffentliche Verständnis und Handeln nutzbar zu machen, und diese ethischen Standards müssen von den Wirtschaftsführern angenommen werden, die innerhalb und im Auftrag privater Unternehmen handeln, von Politikern, die als gewählte Repräsentanten gemeinsamer Aktivitäten handeln, und von den Bürgern, die als Mitglieder einer nun globalen Gemeinschaft handeln und als die derzeitigen Treuhänder eines Planeten, der die Heimat unzähliger kommender Generationen sein wird.«

3. Weltethos als »pädagogisches« Projekt (Stephan Schlensog)

(1) Miteinander leben lernen

»Wir müssen doch miteinander leben lernen!«: Dieser geradezu dringliche Appell ist der Schluss eines Radiogesprächs des Philosophen *Hans-Martin Schönherr-Mann* mit *Hans-Georg Gadamer*. Nach längerem intensivem philosophischem Gespräch soll Gadamer diesen Satz schließlich erschöpft und geradezu beschwörend ins Studiomikrofon gehaucht haben. Sozusagen als Quintessenz seines Anliegens. In einfachen Worten auf den Punkt gebracht, ohne komplizierte philosophische Theorie: »Wir müssen doch miteinander leben lernen!« Schönherr-Mann hat aus diesem Zitat später den Titel eines Buches über die neuzeitliche Philosophie und den Kampf der Kulturen gemacht, in dem er die zahlreichen, oft überraschenden Bezüge neuzeitlicher Denkerinnen und Denker zum Anliegen der Weltethos-Thematik aufzeigt. Hans Küng ist in seinen Ausführungen zur philosophischen Begründung des Weltethos darauf eingegangen.

Miteinander leben lernen: Das heißt Begegnung in Wertschätzung und Respekt, mit der Bereitschaft, bei allen Unterschieden Wege zu einem gelingenden Miteinander zu suchen. Aber solches Miteinander gelingt nicht automatisch, von allein, sondern die Voraussetzungen und Grundlagen für ein solches Miteinander müssen sorgsam überlegt werden. Ein gutes Miteinander muss erlernt und immer wieder eingeübt werden, damit es sich verstetigt und bewährt. Deshalb »miteinander leben lernen«: *gelingendes Zusammenleben als Lernprozess, als »pädagogisches« Projekt.* So kann man das Anliegen des Projekts Weltethos umschreiben. Aufgabe der Stiftung Weltethos ist es, dieses Anliegen in die Lebenswirklichkeit der Menschen umzusetzen und damit Antworten zu geben auf unterschiedliche Herausforderungen, vor denen die Menschen heute stehen.

(2) Kulturen verstehen lernen

Die Weltethosidee entstand vor dem Hintergrund großer weltpolitischer Veränderungen. Die vorrangigen Konflikt-Herausforderungen der Zukunft, so Küngs Überzeugung damals, Ende der 1980er-Jahre, sind nicht mehr Blockdenken und Großideologien in Ost und West. Vielmehr werden die bedrohlichen Konfliktlinien mehr denn je entlang der kulturellen und der religiösen Grenzen verlaufen: nicht nur zwischen westlicher und islamischer Welt, sondern auch innerhalb der Kontinente und Nationen, in den Köpfen und Herzen der Menschen. Und um diese Konflikte zu entschärfen, ja, zu verhindern, um aufkeimenden Spannungen möglichst früh zu begegnen, braucht es Kenntnisse voneinander, braucht es Begegnung auf gleicher Augenhöhe und in gegenseitigem Respekt, braucht es den kritischen Dialog. Und dies alles ist nicht nur notwendig, sondern dies alles, so Küngs Überzeugung damals und unsere Überzeugung und Erfahrung heute, ist auch möglich.

Schon damals widersprach Hans Küng damit entschieden dem US-Politologen Samuel Huntington. Mit seiner These vom unausweichlichen Zusammenprall der Kulturen hatte Huntington landauf, landab von sich reden gemacht und damit vor allem nach den September-Anschlägen 2001 scheinbar plausible Deutungsmuster für diese bis dahin unvorstellbare Katastrophe geliefert. Huntington ignorierte, dass Millionen von Menschen weltweit trotz unterschiedlichen Glaubens und unterschiedlicher Kultur auch friedlich zusammenleben. Und so sind nach Huntingtons pessimistischer Vision interkulturelle Konflikte, gar eine globale Großkonfrontation zwischen Islam (in Koalition mit den Chinesen!) und westlicher Welt unausweichlich und faktisch vorprogrammiert.

Hans Küngs Slogan »Kein Weltfriede ohne Religionsfriede«, mit dem er sein damals Programm auf den Punkt brachte, leugnet dieses Konfliktpotential von Religionen und Kulturen keineswegs, im Gegenteil. Aber Hans Küng kommt mit der Weltethosidee zu den entgegengesetzten Konsequenzen. Und damit hat er vielen Menschen aus der Seele gesprochen.

Was hier in globalem Maßstab als globale Herausforderung beschrieben ist, bildet sich heute in kleinerem Maßstab faktisch in allen Ländern und Gesellschaften ab. Alle

Gesellschaften, ob sie wollen oder nicht, stehen heute vor der Herausforderung, das Zusammenleben von Menschen unterschiedlicher Kulturen, Ethnien, Glaubensvorstellungen und Weltanschauungen organisieren zu müssen. Totalitäre Systeme säkularer oder religiöser Prägung, die diesen Pluralismus womöglich gewaltsam zu unterdrücken versuchen, werden damit auf Dauer – angesichts rasant fortschreitender Globalisierung, in Zeiten zunehmender globaler Verkehrs-, Kommunikations- und Wirtschaftsverflechtungen – freilich kaum Erfolg haben.

Aber schauen wir nicht auf andere, schauen wir auf uns. Auch in einem Land wie Deutschland ist das Thema »multikulturelle Gesellschaft« seit Jahren ein Dauerthema – und zwar nicht erst seit den Septemberanschlägen des Jahres 2001. Im Großen wie im Kleinen gibt es in unserem Land immer wieder Spannungen und Konflikte, weil Welten buchstäblich aufeinanderprallen, weil Menschen aus unterschiedlichen Kulturen und Lebenskontexten aufeinanderstoßen. Denken wir etwa an Diskussionen über die Demokratiefähigkeit bestimmter Religionen, an den Streit um Karikaturen des Propheten Muhammad, an Berichte von Problemschulen und Problemvierteln in unseren Städten, an Diskussionen wegen Moschee- und Minarettbauten, an die Debatte um Thilo Sarrazins polarisierende Thesen und anderes mehr.

Dann wird landauf, landab, in Politik, Medien und an den Stammtischen, eine mehr oder weniger emotional geführte Migrantendebatte vom Zaun gebrochen. Lösungen kommen dabei selten heraus – nicht zuletzt deshalb, weil die Probleme, bei Lichte besehen, sehr komplex sind, und weil diejenigen, die sich in solchen Diskussion oft lautstark artikulieren, dieser Komplexität selten gerecht werden.

Natürlich ist dies nur die eine Seite der Medaille. Auch in Deutschland gibt es ungezählte Orte, an denen multikulturelles Zusammenleben funktioniert. Und es gibt viele Institutionen, Vereine, Initiativen und Einzelpersonen, die dazu beitragen, damit dies gelingt. Dennoch bleibt in vielen Bereichen Handlungsbedarf. Objektiv vorhandene Probleme auf der einen Seite und diffuse Ängste und unreflektierte Vorurteile auf der anderen Seite bergen immensen gesellschaftlichen Sprengstoff, der sich dann in Debatten wie oben genannt entlädt und das Zusammenleben in Schulklassen, Stadtvierteln oder am Arbeitsplatz belastet. Von extremen Folgen, wie dem Massenmord eines rassistischen norwegischen Fanatikers im Juli 2011 (Christ, nicht Muslim!), nicht zu reden.

Um solchen Entwicklungen vorzubeugen, um Wege zu einem gelingenden Miteinander zu ebnen, brauchen wir zukunftsweisende Ideen und Konzepte, die nicht polarisieren, sondern die Alternativen bieten. Die Weltethos-Idee ist ein solches Konzept, und die Stiftung Weltethos möchte auf dieser Linie Anstöße zum Umdenken geben und – möglichst schon bei Kindern und Jugendlichen – einen Bewusstseinswandel fördern. Wir möchten

– Neugierde wecken auf andere Kulturen;
– Wissen über die eigene und über fremde Kulturen und deren Werte vermitteln;
– helfen, Vorurteile abzubauen, damit eine kritische Begegnung in gegenseitigem Respekt möglich wird;
– und schließlich Bewusstsein dafür schaffen, dass wir uns in unseren unterschiedlichen Lebensbereichen auf gemeinsame Werte verständigen können, damit unser Zusammenleben gelingt.

Wie groß der Handlungsbedarf ist, zeigt sich nicht nur in den berühmt-berüchtigten Problemvierteln und sozialen Brennpunkten unserer Großstädte. Selbst in einer akademisch-beschaulichen Stadt wie Tübingen gibt es Schulen mit

Schülerinnen und Schülern aus fast zwanzig unterschiedlichen Kulturen, Ethnien, Religionen. Voraussetzung für ein gutes Miteinander ist Wissen übereinander, über Unterschiede und Gemeinsamkeiten, damit Vorurteile und Klischees erst gar nicht entstehen. Und solches Wissen über die eigene und über fremde Kulturen – wenn man so will: solche »interkulturelle« und »interreligiöse Kompetenz« – sollte möglichst früh, am besten schon in Familie und Kindergarten, grundgelegt und im schulischen Alltag vertieft und im Zusammenleben erfahren und erprobt werden.

Deshalb sind Kindergärten, Tagesstätten und vor allem *Schulen erstrangige Lernorte* für diese interkulturellen Fragen. Und die Stiftung Weltethos hat sich von Anfang an konsequent bemüht, ihre Themen und Inhalte Lehrkräften zugänglich zu machen und vielfältige Projekte, praxiserprobte Materialien und Instrumente für den pädagogischen Alltag zu entwickeln – in Zusammenarbeit mit Lehrkräften unterschiedlichster Schularten und Fächer und oft auch mit fachlicher Beratung und Unterstützung von Hochschulpädagogen. All unsere schulischen Aktivitäten hier im Detail darzustellen, würde den Rahmen dieser Publikation sprengen. Weiterführende Informationen sind auf der Website unserer Stiftung »www.weltethos.org« zu finden. Hier müssen einige summarische Hinweise genügen:
– Erste schulischpraktische Erfahrungen konnten wir mit *Unterrichtswettbewerben* sammeln, die wir ganz früh in Deutschland und in der Schweiz durchgeführt haben, später auch in anderen Ländern, zuletzt regional begrenzt auch in Tübingen. Aufgabenstellung dieser Wettbewerbe war die Entwicklung von Unterrichtseinheiten und Schulprojekten zum interkulturellen Zusammenleben und zu Wertefragen. So erhielten wir sehr früh eine große Palette sehr anschaulicher und *praxisnaher* Anregungen für die schulpraktische

Umsetzung dieser Themen, die vor allem auch zeigen, wie spannend und vielseitig und für Kinder und Jugendliche attraktiv die Auseinandersetzung mit solchen Fragestellungen sein kann.

– Einen wichtigen Schritt zur didaktischen Aufbereitung und Vermittlung haben wir mit dem *Multimediaprojekt »Spurensuche. Die Weltreligionen auf dem Weg«* getan, auf das bereits eingegangen wurde. Seine sieben knapp einstündigen Filme, die es bald auch als mehrsprachige internationale Ausgabe geben wird, sind zum festen Bestandteil des Angebots vieler Medienstellen und Schulbibliotheken geworden, und das bebilderte Begleitbuch und die dazu entwickelte interaktive CD-ROM werden nicht nur von Lehrkräften zur Vorbereitung genutzt, sondern kommen auch unmittelbar im Unterricht zum Einsatz.

– Auf Grundlage dieses Projekts entstand unsere *Ausstellung »Weltreligionen – Weltfrieden – Weltethos«*. Diese Ausstellung ist mittlerweile in mehreren Sprachen und Ausführungen bei der Stiftung Weltethos erhältlich und kommt seit Jahren nicht nur in Deutschland, sondern in vielen Ländern weltweit mit großem Erfolg zum Einsatz. Sie wird nicht nur an Schulen gezeigt, sondern in unterschiedlichsten öffentlichen Foren: in Banken, Sparkassen und Behörden, in Bildungseinrichtungen und Akademien, bei Großorganisationen wie den Vereinten Nationen und dem IWF, bei religiösen Organisationen, in Gemeinden und spirituellen Zentren aller großen Religionen.

– Große Akzeptanz findet unser unterdessen in der dritten Auflage 506 Seiten umfassender *Materialienordner »Weltethos in der Schule«*. Er ist über die Jahre in Zusammenarbeit mit Schulpraktikern entstanden und bietet eine Fülle von Materialien zur unterrichtspraktischen Arbeit mit unseren Lernmedien und zur Vermittlung unserer Themen. Eine für den Schweizer Kontext adaptierte Version ist in Zusammenarbeit mit der Pädagogischen Hochschule Zentralschweiz entstanden.

– Ganz neue Wege der medialen Vermittlung sind wir schließlich mit unserer *Internet-Lernplattform »A Global Ethic now!«* gegangen. Dort können sich Interessierte interaktiv mit dem Thema Weltethos und mit unterschiedlichen Aspekten des Themas (Religion, Politik, Wirtschaft) vertraut machen. Ein Bereich dieser Lernplattform – »Weltethos im Alltag« – ist besonders auf die Erfahrungswelt Jugendlicher zugeschnitten: Anhand ethischer Dilemmasituationen, die dort interaktiv durchgespielt werden können, sollen sie dafür sensibilisiert werden, dass sie selber im Alltag ständig in Sachen Ethos gefordert sind. Die Nutzung dieser Lernplattform ist kostenlos und es gibt sie auf Deutsch, Englisch und Französisch.

– Darüber hinaus veranstaltet die Stiftung Weltethos seit jeher *Schulungen* und *Lehrkräftefortbildungen* zu den Weltreligionen und zu unterschiedlichsten Aspekten der Weltethos-Thematik. Zudem initiieren und begleiten wir *Schulprojekte* und *interreligiöse Initiativen*, wo wir inhaltliche Anregungen und Hilfestellung bei der Umsetzung geben. Und besonders erfreulich sind schließlich jene *internationalen pädagogischen Kooperationsprojekte* in Kolumbien und in Hongkong, auf die Günther Gebhardt in seinem Beitrag näher eingeht: Sie zeigen, dass die von uns entwickelten Ideen, Materialen und Medien auch in anderen Ländern und Kulturen im besten Sinne des Wortes »Schule machen«, dort übersetzt und adaptiert zum Einsatz kommen und landesweit Verbreitung finden.

(3) Werte leben lernen

Beim Thema Weltethos geht es auf der einen Seite, wie oben beschrieben, um den Erwerb von Kenntnissen, um Menschen anderer Kulturen und deren Lebenswelten, aber auch die eigene Kultur besser zu verstehen. Auf der anderen Seite geht es aber auch um einen Bewusstseinswandel, um die *Vermittlung von Werten*, um die Veränderung von Haltungen. Beide Dimensionen hängen zusammen, greifen ineinander. Das Verständnis fremder Lebenswelten setzt nicht nur Wissen, sondern auch die Bereitschaft voraus, sich auf Fremdes einzulassen. Und die Vermittlung von Werten kann nicht abstrakt geschehen, sondern setzt immer auch ein Wissen um diese Werte voraus und darüber, wie Werte in den unterschiedlichen Kulturen und Religionen begründet sind, warum wir sie heute für ein gutes Zusammenleben brauchen und wie Menschen in ihren jeweiligen Lebenskontexten für Werte sensibilisiert und zu entsprechenden Haltungen motiviert werden können.

Ethisches Verhalten muss gelernt werden, und zwar schon möglichst früh. Neurobiologen und Pädagogen haben herausgearbeitet, dass es sich mit dem ethischen Lernen nicht anders verhält als mit der Aneignung von Fertigkeiten und Wissen allgemein. Säuglinge kommen nicht als ethisch denkende und handelnde Individuen auf die Welt, sondern mit dem Potential, ethisches Verhalten lernen zu können – sofern sie damit konfrontiert werden. Deshalb sollten Werte wie Respekt, Gewaltlosigkeit, Solidarität etc. den Kindern von Geburt an vorgelebt werden. Dann können sie sich diese Wertekultur auch aneignen und einüben.

Nur wenn Kinder schon früh erfahren und lernen,
– dass es besser ist, seine Interessen anderen gegenüber ohne Aggression und Gewalt durchzusetzen;

– dass Vertrauen nur dann entsteht, wenn man einander nicht belügt und sich aufeinander verlassen kann;

– dass es für alle besser ist, einander gerecht zu behandeln und womöglich auch einmal auf den eigenen Vorteil zu verzichten;

– dass Hautfarbe, Religion, Geschlecht, persönliche Neigungen oder Handicaps kein Grund für Geringschätzung und Ausgrenzung sein dürfen;

– wenn sie also möglichst früh lernen und erfahren, dass gutes Zusammenleben gelingt, wenn man einander menschlich behandelt,

dann und nur dann werden sich diese Kinder später auch als Jugendliche und Erwachsene entsprechend verhalten. Nicht von ungefähr konzentriert sich die Weltethos-Erklärung von Chicago auf die Werte Gewaltlosigkeit, Gerechtigkeit, Wahrhaftigkeit und Partnerschaft und auf die Prinzipien »Menschlichkeit« und »Gegenseitigkeit« (Goldene Regel).

Solches Lernen und Erfahren von ethischen Haltungen ist ein *Prozess*, der am ehesten gelingt, wenn er in der Familie beginnt und in Kindergarten und Schule seine Fortsetzung findet. Gemeinhin nennt man diesen Prozess auch »Erziehung«. Es ist interessant, dass das pädagogische Personal in Kindergärten und Tagestätten ganz selbstverständlich »Erzieherinnen« und »Erzieher« genannt wird. Lehrkräfte in Schulen hingegen, vor allem in höheren Klassenstufen, betonen oft, dass es nicht ihre Aufgabe sei, Kinder zu erziehen, sondern Wissen zu vermitteln.

Natürlich ist die fachliche Qualifikation der Schülerinnen und Schüler eine zentrale Aufgabe, und keine noch so gute Schule kann das nachholen, was an Geborgenheit, Erziehung und Wertevermittlung im Elternhaus versäumt wurde. Umgekehrt bestätigen aber vor allem erfahrene Lehrkräfte, dass man als Lehrerin oder Lehrer *gar nicht »nicht erziehen«*

kann. Warum? Weil man allein durch seine Persönlichkeit, durch die Art und Weise, wie man auf Kinder und Jugendliche wirkt, eingeht, reagiert – also durch sein persönliches *Vorbild* –, immer Haltungen vermittelt, die bei den Kindern und Jugendlichen ihrerseits wieder Haltungen provozieren: Man findet Akzeptanz und überzeugt, man wird nur teilweise oder gar nicht ernstgenommen oder man stößt gar auf Ablehnung. Ganz unabhängig davon, *was* man sagt, sondern allein dadurch, *wie* man es sagt.

Im familiären Kontext mache ich diese Erfahrung als Vater zweier Töchter fast täglich: Die Vermittlung von Haltungen – und damit Werten – gelingt am ehesten durch die eigene *Haltung*, das eigene *Vorbild*, mit dem die eigene *Glaubwürdigkeit* steht und fällt.

Dies gilt auch und besonders für *Lehrkräfte*. In der Fachliteratur spricht man in diesem Zusammenhang auch von einem »autoritativen« Erziehungsstil – nicht zu verwechseln mit »autoritär«! –, der im Vorbild und der damit gegebenen natürlichen Autorität des Erziehenden und Lehrenden wurzelt. Fachwissen, Methodik und Didaktik sind für sich allein genommen keine Garantie für gelingendes Lehren, vor allem, wenn es um Wertevermittlung geht. Deshalb betonen Psychologen und Pädagogen heute die große Bedeutung des *Beziehungsgeschehens* im schulischen Alltag: die Fähigkeit, Schülerinnen und Schüler zu motivieren, damit diese sich öffnen und Lernen auf vielschichtige Weise möglich wird. Dies gelingt freilich nicht von allein, sondern setzt bei den Erziehenden einen eigenen *Wertestandpunkt* voraus, der wiederum Selbstkritik und ein gewisses Maß an Selbstreflexion erfordert.

Auch für die *Schulkultur* als Ganze ist solches gelingendes Beziehungsgeschehen – hier zwischen Lehrkräften, Schülern und Eltern – grundlegend. Viele Schulen formulieren heutzutage Leitbilder und Verhaltenskodizes, mit denen sie ihre Zielvorstellungen des Miteinanders artikulieren. Solche Dokumente sind wichtig und hilfreich zur ständigen Vergewisserung und Reflexion. Denn täglich stellen sich im Schulalltag Herausforderungen mit einer ethischen Dimension: im Verhältnis von Lehrkräften und Schülern, im Umgang mit Gewalt, im Verhältnis von ethnischen Gruppen oder von Mädchen und Jungen zueinander und anderem mehr. Schulen können freilich selbst keine Werte schaffen. Sie brauchen Leitlinien oder Programme, die ihnen als Fundament und Orientierung dienen. Aber solche Leitlinien können nicht der Vorstellung des einzelnen Lehrers, der einzelnen Lehrerin anheimgestellt werden, sie sollten vielmehr in einem Prozess der Konsensfindung von allen am Schulleben Beteiligten gefunden werden.

Hier kann das Weltethos mit seinem kulturübergreifenden Ansatz eine gute Orientierung, vielleicht sogar ein konsensfähiges Konzept bieten. Lehrkräfte können ihre Bemühung um Wertevermittlung an den Prinzipien des Weltethos ausrichten und erhalten damit einen Maßstab, an dem sie ihr eigenes Handeln sowie Unterrichtsinhalte und -methoden orientieren können.

In Deutschland gibt es viele Schulen, die in den letzten Jahren diesen Weg gegangen sind: *vom Weltethos zum Schulethos*. Dies kann mit »Regeln« für einzelne Klassen beginnen, die gemeinsam entwickelt werden und von allen akzeptiert werden, und es kann sich auf einen ganzen Prozess innerer Schulentwicklung ausweiten. Besonders im heutigen multikulturellen Kontext unserer Schulen brauchen wir einen ethischen Grundkonsens, der sich aus den Ressourcen unterschiedlicher Religionen und Kulturen speist und der in jenen Kulturen und Religionen, die an einer Schule präsent sind, verortet werden kann.

Entscheidend bei all dem ist freilich, dass sich ein solches Schulethos nicht im Deklaratorischen erschöpft. Es muss für alle Beteiligten *erfahrbar* werden, muss immer neu *eingeübt* werden und muss sich im Alltag immer wieder neu *bewähren*: als Wertebasis, die auch unter den vielfältigen Herausforderungen und Belastungen des Schulalltags trägt und die selbst in schwierigen Entscheidungssituationen Orientierung zu geben vermag.

(4) Interkulturelles und ethisches Lernen in Wirtschaftsunternehmen

Zugespitzt könnte man sagen: Das, was hier für den erzieherischen und schulischen Kontext gesagt ist, gilt analog auch für den Bereich der Wirtschaft, für Unternehmen. Oder anders gesagt: Die Themen »Interkulturalität« und »Werte« sind im selben Maße auch für Unternehmen relevant und sind auch dort eine »pädagogische« Herausforderung in einem ganz umfassenden Sinn.

Für das Thema »Interkulturalität« ist dies evident. Selbst kleinere Mittelstandsunternehmen agieren heutzutage in globalem Maßstab, und es gibt selbst in ländlichen Regionen kaum Firmen, in denen nicht Menschen aus unterschiedlichen Kulturkreisen beschäftigt sind. Ein gelingendes, reibungsloses Miteinander setzt ein Mindestmaß an Kenntnissen von- und übereinander voraus. Das gilt, wie oben ausgeführt, für die Gesellschaft als Ganze und das gilt besonders auch für Unternehmen. Und wenn dann noch eher säkulare und religiös geprägte Kulturen aufeinandertreffen, dann löst dies nicht selten Irritationen und Befremdung aus. Hier die Toleranzgrenzen nach beiden Seiten angemessen auszuloten, erfordert Sensibilität, Offenheit und ein Mindestmaß an Sachkenntnis.

Noch drängender stellen sich diese Fragen, wenn ein Unternehmen Mitarbeiter in fremde Kulturkreise entsendet oder in fernen Ländern mit einheimischen Firmen kooperiert. In der Beraterbranche ist man sich heute weithin einig, dass dies nur gelingt, wenn es mit interkultureller Sensibilisierung der Betroffenen und mit fundierter interkultureller Kompetenzvermittlung einhergeht. Gelingende Arbeits- und Geschäftsbeziehungen mit Menschen anderer Kulturen setzen ein Verständnis ihrer Verhaltensweisen und ihrer Lebenswelt voraus – vom Konfliktpotential bei Missverständnissen nicht zu reden. Und solches Verständnis muss weit über die Kenntnisse von Essgewohnheiten, Kommunikationsmustern und Benimmregeln hinausgehen. Es muss die kulturelle *Tiefendimension* mit einbeziehen und in vielen Kulturen vor allem auch die dortige *Religion*, die diese Menschen auf eine für uns säkularisierte Europäer oft unerwartete Weise tief im Innersten prägt und deren Verhalten steuert.

Und wie gehen Unternehmen heute mit diesen Herausforderungen um? Immer mehr Firmen haben natürlich ein professionelles »*Human Resources Management*«, das im Rahmen des »*Diversity Management*« der kulturellen Vielfalt ihrer Mitarbeiterinnen und Mitarbeiter gerecht zu werden versucht. Und viele Unternehmen leisten sich zur Vorbereitung ihrer Auslandsreisenden, vor allem wenn sie als »Expatriates« dort länger verweilen, professionelles Coaching und *interkulturelle Trainings*. Aber nicht wenigen Firmen, vor allem aus dem Mittelstand, scheinen diese Themen noch weitgehend fremd. Sie setzen darauf, dass ihre Mitarbeiter schon irgendwie miteinander auskommen und intervenieren bestenfalls zur Wahrung des Betriebsfriedens bei drohenden kulturell oder religiös bedingten Konflikten. Und was die Vorbereitung von Präsenzen im Ausland betrifft, so erschöpft sich diese allzu oft in Unterstützung bei organisatorischen Fragen, und selbst größere Unternehmen bieten ihren zukünftigen Repräsentanten nicht selten nur interkulturelle Schnellkurse von wenigen Stunden, in denen bestenfalls Wissen auf Reiseführer-Niveau vermittelt werden kann – weit entfernt jedenfalls von einem tieferen Verständnis der fremden Kultur. Und dann wundert man sich, wenn die Mitarbeiter im Ausland scheitern, weil sie auch nach Jahren ihre Kollegen und Geschäftspartner vor Ort schlicht nicht verstehen ...

Und die *ethische* Dimension? Hans Küng hat in seinen Ausführungen zu »Wirtschaft und Weltethos« schon vieles dazu gesagt. Nur der »pädagogische« Aspekt dieser Herausforderung sei hier nochmals verdeutlicht.

Zur Illustration des Allgemeinen im Konkreten möchte ich von einem Seminar berichten, das unsere Stiftung Weltethos gemeinsam mit einer Beraterfirma durchgeführt hat. Zum Thema »Ethos für die Wirtschaft« hatten wir Entscheidungsträger, Vorstände und Unternehmenseigner zu diesem Seminar geladen. Erwartet hatten viele Teilnehmer, so hörten wir später, ein methodisch ausgefeiltes Beratungsseminar, das ihnen Werkzeuge und Strategien zur Lösung bestimmter ethischer Probleme an die Hand gibt. Erlebt haben die Teilnehmer intensive *Gespräche* über nur zwei Themen: »Menschlichkeit« und »Wahrhaftigkeit«. Zunächst wurde gefragt, was die Einzelnen ganz persönlich mit diesen Begriffen verbinden, was diese mit ihrer Person und ihrem Ethos zu tun haben. Dann wurde überlegt, inwieweit diese Themen von Relevanz für ihren Berufsalltag sind oder nicht. Dann wurde diskutiert, wo und inwieweit es womöglich zu Kollisionen zwischen den eigenen Haltungen und den Sachzwängen im beruflichen Alltag kommt. Und schließlich wurde überlegt, welche Spielräume die Einzelnen in ihrem individuellen Wirken haben, hier persönlich oder über die Strukturen im Unternehmen etwas zu verändern.

Die Gespräche verliefen überraschend intensiv, von den Ergebnissen waren die meisten Teilnehmer erstaunt. Viele bestätigten, dass sie so gut wie nie im Zusammenhang mit ihrem Beruf über diese Fragen nachgedacht haben, viele beklagten, ihnen fehle dazu schlicht die Zeit oder ein Gesprächspartner. In der Firma jedenfalls spreche man, trotz Leitbild und Wertekodex, über solche Themen kaum. Viele zeigten sich überrascht, welch große Relevanz solch elementare ethische Fragen für ihren beruflichen Alltag haben und welche Möglichkeiten sie faktisch haben, hier etwas zum Positiven zu verändern, um ihre persönlichen Wertvorstellungen mit ihrem Handeln im Beruf wieder mehr zur Deckung zu bringen.

Dies bestätigt einmal mehr, dass die Wertefrage – wie das Thema Interkulturalität – auch im Bereich der Wirtschaft letztlich eine »pädagogische« Herausforderung ist, in einem ganz umfassenden Sinn. Selbstverständlich benötigt ein Unternehmen Strukturen, Institutionen, Leitbilder und Strategien, um in der heutigen komplexen Wirtschaftswelt ethischen Fragen gerecht zu werden. Über manches wurde im Kapitel »Wirtschaft und Weltethos« berichtet. Aber am Ende sind es die *Menschen*, um die es geht und die dafür gewonnen werden müssen. Und es sind Menschen, von deren Entscheidungen und deren persönlichem Wirken es letztlich abhängt, ob ethische Prinzipien im Unternehmensalltag ihren Niederschlag finden oder nicht. Am Ende geht es um die *inneren Haltungen des Einzelnen*, mit denen eine ethische Unternehmenskultur steht und fällt. Und solche Haltungen muss man lernen, man muss sie reflektieren und einüben, damit sie bei den kleinen und großen Entscheidungen im beruflichen Alltag bestehen und, womöglich, auch andere inspirieren. Nicht von ungefähr meinte eine hochrangige Teilnehmerin eines anderen Führungskräfte-Seminars, sie würde in ethischen Fragen mit einem guten Gespräch oft mehr bewirken als mit viel Papier und aufwendigen Prozessen …

Deshalb wird die Stiftung Weltethos auch in ihrem neu errichteten Weltethos-Institut (*Global Ethic Institute*) an der Universität Tübingen (WEIT), auf das ich abschließend noch kurz eingehen möchte, das Thema »Globales Wirtschaftsethos« zu einem ersten Arbeitsschwerpunkt machen.

(5) Ein Weltethos-Institut

Der Impuls zur Errichtung eines solchen Instituts kam interessanterweise aus dem Raum der Wirtschaft, genauer: vom süddeutschen Unternehmer Karl Schlecht, dem dieses Buch gewidmet ist. Die Frage des Ethos in der Wirtschaft und in Unternehmen liegt ihm besonders am Herzen, und begeistert von der Weltethos-Thematik begleiten und unterstützen er und seine Frau Brigitte die Arbeit der Stiftung Weltethos schon seit Jahren.

Das von ihm finanzierte Weltethos-Institut wurde im Mai 2011 gegründet und nimmt seine Arbeit zum Sommersemester 2012 auf; Informationen dazu finden Interessenten auf der Website unserer Stiftung. Zweck und Aufgabe dieses Weltethos-Instituts ist, kurz gesagt, die umfassende Agenda der Stiftung Weltethos, deren große Bandbreite in diesem Buch dargelegt ist, im Raum der Universität in Forschung und Lehre zu verankern und fortzuschreiben. Dazu sollen die am Institut Tätigen neben ihrer Forschungstätigkeit möglichst innovative Beiträge zum Lehrangebot der Universität Tübingen leisten: mit einschlägigen Lehrveranstaltungen und Studiengängen, mit Veranstaltungen der wissenschaftlichen und allgemeinen Weiterbildung sowie im Studium Generale.

Ein erster inhaltlicher Schwerpunkt des Instituts soll der Fundierung und Konkretisierung eines Globalen Wirtschaftsethos gewidmet sein, wofür eine Professur für Globales Wirtschaftethos eingerichtet wurde. Weitere inhaltliche Schwerpunkte, etwa im Bereich interkultureller Pädagogik, sind für die Zukunft angedacht. Zudem sollen nationale und internationale Wissenschaftler und Praktiker jeweils ergänzend für begrenzte Zeit am Institut forschen und lehren und so zu einem möglichst breit gefächerten und vielschichtigen Angebot des Instituts beitragen.

Neben der (selbstverständlichen) Grundlagenforschung und Lehre zu globalen wirtschaftsethischen Fragestellungen sollen am Weltethos-Institut aber auch praxistaugliche Konzepte zur Implementierung eines Globalen Wirtschaftsethos entwickelt und vermittelt werden. Ziel ist es, Studierende, die einmal selber Entscheidungsträger in Unternehmen, Wirtschaft und in der Gesellschaft überhaupt werden, für ethische Fragen zu sensibilisieren und auf ihren späteren Berufsalltag praxisnah vorzubereiten. Dabei wird es vor allem darum gehen,

– ihnen zu zeigen, welches die ethischen Herausforderungen in Gesellschaft, Wirtschaft und Unternehmen heute sind;

– ihnen Wege vorzustellen, wie – positiv oder negativ – mit solchen Fragen in der Praxis heute umgegangen wird;

– ihnen zu helfen, eigene Standpunkte und eine eigene innere Haltung zu diesen Fragen zu entwickeln,

– um sie so auf die ethischen Herausforderungen für ihren späteren Beruf in einer mehr und mehr globalisierten Welt vorzubereiten.

So ist auch die Vermittlung eines Globalen Wirtschaftsethos, wie die Weltethos-Thematik insgesamt, auf ihre Weise ein komplexes »pädagogisches« Projekt, das im Weltethos-Institut an der Universität Tübingen realisiert werden soll und das die Relevanz der Weltethos-Thematik für unsere heutige Gesellschaft unterstreicht.

4. Die Stiftung: Weltethos weltweit
(Günther Gebhardt)

(1) So entstand die Stiftung Weltethos

Es war wie im Märchen! Der Märchenprinz hieß Graf Karl Konrad von der Groeben (1918–2005) und rief eines Tages im Jahr 1995 den kurz vor seiner Emeritierung stehenden Professor Hans Küng an. Die Lektüre des Buchs »Projekt Weltethos« habe ihn aufgerüttelt. Diese Idee in die gesellschaftliche Praxis umzusetzen sei genau das, was unsere oft so orientierungslose Zeit brauche. Er, der frühere Industrielle, habe nun im Alter seine Firmen verkauft und wolle sein Vermögen in sinnvoller Weise einsetzen. Er sei bereit, Kapital für eine Stiftung zur Verfügung zu stellen, welche sich unter der Leitung von Hans Küng der Verbreitung der Weltethos-Idee widmen solle.

Dieses märchenhafte Angebot kam genau zum richtigen Zeitpunkt: Nach seiner Emeritierung 1996 hätte Hans Küng die universitäre Infrastruktur für seine Arbeit weitgehend verloren, und die Weiterarbeit am Projekt Weltethos wäre mehr als fraglich geworden. Nun aber errichtete Graf Groeben mit einem Kapital von 5 Millionen DM die »Stiftung Weltethos für interkulturelle und interreligiöse Forschung, Bildung und Begegnung« und ermöglichte so eine bruchlose Weiterarbeit für Hans Küng und sein Team. Mit einem Festakt an der Universität Tübingen wurde die Stiftung am

23. Oktober 1995 eröffnet. Der baden-württembergische Ministerpräsident Erwin Teufel, der Stiftung bis heute als Kuratoriumsmitglied verbunden, hielt die Festrede; Hans Küng sprach als Stiftungspräsident zu »Weltethos und Erziehung«. Dieses Thema entsprach einem Herzensanliegen des Stifters: Von Anfang an hatten Graf Groeben und seine Frau Ria gewünscht, die neue Stiftung möge sich besonders der Vermittlung der Weltethos-Idee an Kinder und in der Schule widmen. Ein Auftrag, den die Stiftung Weltethos im Lauf der Jahre immer breiter und professioneller in die Tat umgesetzt hat.

Nicht lange nach Gründung der Stiftung in Deutschland konnte 1996 auch in der Schweiz, Hans Küngs Heimatland, eine Stiftung Weltethos gegründet werden. Martita Jöhr-Rohr (1912–2008), Philanthropin aus Zürich, war ebenfalls für die Weltethos-Idee entflammt und spendete einen Teil ihres eigenen Vermögens und dessen ihres verstorbenen Mannes – Adolf Jöhr, Wirtschaftsprofessor in St. Gallen – zur Errichtung einer Stiftung Weltethos Schweiz mit Sitz in Zürich. Hans Küng ist auch Präsident dieser Stiftung, als Vizepräsident amtiert der ehemalige UBS-Generaldirektor Heinz Müller, zusammen mit Dr. Josef Studinka, Carla Schwöbel-Braun und Prof. Walter Kirchschläger als weiteren Stiftungsräten (Vorstandsmitgliedern).

Inzwischen gibt es offizielle Weltethos-Stiftungen oder ähnliche Strukturen auch in Österreich, Tschechien, Kolumbien, Mexiko und Brasilien. Aber die Kontakte und Kooperationen der Stiftung erstrecken sich auf viel mehr Länder. Von all dem soll im Folgenden die Rede sein. Dabei kann natürlich kein vollständiger Gesamtbericht der weltweiten Stiftungstätigkeit vorgelegt werden. Dazu dienen vielmehr die regelmäßigen ausführlichen Jahresberichte, die auf der Website der Stiftung *www.weltethos.org* zur Verfügung stehen.

An dieser Stelle soll nur ein Überblick mit einigen besonders bedeutsamen Beispielen aus neuerer Zeit gegeben werden. Es wird dabei deutlich: Weltethos ist keine akademische Idee, sondern ein Projekt, das sich bemüht, das ethische Bewusstsein, die Dialogfähigkeit und die interkulturelle Kompetenz von Menschen auf verschiedenen Ebenen ganz praktisch zu fördern. Die Wirkung dieses Projekts geht mittlerweile weit über das Akademische hinaus in verschiedenste Bereiche des öffentlichen Lebens – Politik, Wirtschaft, Wissenschaft, in Schulen, in die allgemeine Bildungsarbeit: Überall, wo es gemeinsame »Spielregeln« braucht, im Kleinen wie im Großen, wo Menschen verschiedener Religionen und Kulturen miteinander ins Gespräch kommen, um voneinander zu lernen, um, bei allen Unterschieden, Gemeinsamkeiten zu entdecken, Gemeinsamkeiten vor allem auch in Fragen des Ethos.

(2) Die Stiftung betreibt Bildungsarbeit

Soll der Weltethos-Gedanke in Menschen und Gesellschaften Wurzeln schlagen, bedarf es einer vertieften und korrekten Kenntnis der jeweils anderen Kulturen und Religionen und einer Sensibilität für die Relevanz ethischer Fragestellungen im interkulturellen Kontext. Dies kann durch verschiedene Formen von Bildungsarbeit gefördert werden. Nicht mehr zu überschauen sind daher die Hunderte von Bildungsveranstaltungen im Lauf der Jahre – Vorträge, Seminare, Konferenzen –, national und international, im religiösen und nichtreligiösen Kontext, bei denen die Weltethos-Thematik in ihren verschiedenen Dimensionen und Facetten dem allgemeinen und fachlich interessierten Publikum zugänglich gemacht wird. In Deutschland und anderen europäischen Ländern werden solche Bildungsveranstaltungen teils von den festen Mitarbeitern und Mitarbeiterinnen der Tübinger

Stiftung durchgeführt, zu einem Gutteil aber auch von einem wachsenden Kreis von kompetenten freien Referentinnen und Referenten, die häufig aus dem pädagogischen Bereich kommen. Es würde den Rahmen dieses Beitrags sprengen, hier Namen zu nennen, zumal sich der Kreis immer wieder verändert. Ich verweise auch dafür auf die reichhaltige und ständig aktualisierte Website unserer Stiftung. Dort sind auch die Termine der öffentlichen Vorträge von Hans Küng und den Referenten und Referentinnen der Stiftung zu finden, so dass alle Interessierten feststellen können, wann an ihrem Ort oder in ihrer Region eine Veranstaltung zum Weltethos stattfindet.

Der Wirksamkeit von Bildungsveranstaltungen können besonders auch audiovisuelle Medien dienen. Daher hat die Stiftung schon seit den 1990er-Jahren jene vielfältigen Medien entwickelt, auf die Stephan Schlensog im vorausgehenden Beitrag bereits eingegangen ist.

– Das Multimediaprojekt »*Spurensuche. Die Weltreligionen auf dem Weg*«: Sieben Fernsehfilme, in denen Hans Küng an Originalschauplätzen sieben Religionen präsentiert: Indigene Religionen Australiens und Afrikas, Hinduismus, Chinesische Religion, Buddhismus, Judentum, Christentum und Islam. Dazu das bebilderte Sachbuch und die gleichnamige interaktive CD-ROM.

– Die Ausstellung »*Weltreligionen – Weltfrieden – Weltethos*«, die auf zwölf Tafeln eine Elementarisierung der ethischen Lehren von sechs Weltreligionen sowie der sechs »Prinzipien und Weisungen« des Weltethos bietet. In verschiedenen Sprachen und Größen (auch im Posterformat, vor allem zum Gebrauch in Schulen) ist die Ausstellung seit 2000 in Deutschland und vielen Ländern unterwegs.

– Die Loseblattsammlung »Weltethos in der Schule«: über 500 unmittelbar im Unterricht verwendbare Arbeits- und

Textblätter mit Kommentaren für die Lehrkräfte. Alle Materialien wurden von Lehrern und Lehrerinnen erstellt und im Unterricht getestet. Sie haben inzwischen auch in anderen Ländern Interesse geweckt, sogar in China!

– Das innovativste Bildungsmedium ist zweifellos das globale Weltethos-Lernprogramm »A Global Ethic now!« im Internet. Auf Deutsch, Englisch und Französisch können weltweit Interessierte auf Lernpfaden verschiedene Dimensionen des Weltethos erarbeiten, mit Hilfe einer enormen Fülle von Bild-, Text- und Tonmaterialien.

Eine Sensibilisierung für ethisches Verhalten und Respekt vor dem anderen und damit für ein Weltethos sollte ja in der Tat schon bei Kindern und Jugendlichen beginnen. Besonders wichtig ist daher von Anfang an die Arbeit unserer Stiftung im Bereich Schule. Mehr davon im vorausgehenden Beitrag von Stephan Schlensog.

(3) Die Stiftung ist international tätig

Von Anfang an hatte die Stiftung Weltethos Kontakte und Kooperationen mit Partnern in verschiedenen Ländern und Kontinenten. Dies liegt in der Natur der Sache, da ja bereits die »Charta« der Weltethos-Idee, die Erklärung zum Weltethos, von Hans Küng in Zusammenarbeit mit einem internationalen Beraterkreis ausgearbeitet worden war und von einer internationalen Versammlung, dem Parlament der Weltreligionen in Chicago 1993, angenommen wurde. Die breit gefächerte Grundlagenliteratur zur Weltethos-Thematik ist mittlerweile in alle Weltsprachen und viele kleinere Sprachen übersetzt. Die interkulturelle und interreligiöse Dimension ist zentral für das Projekt Weltethos und drängt daher zu internationalen Aktivitäten. Das Interesse an der Weltethos-Thematik aus verschiedenen Teilen der Welt hat sich in den letzten Jahren verstärkt und zu teils außergewöhnlichen Projekten geführt. Die internationale Vortragstätigkeit von Hans Küng und anderen Mitarbeitern der Stiftung spielt dabei oft eine wichtige impulsgebende Rolle.

China

Im Jahr 1979, nur drei Jahre nach dem Tod Mao Zedongs, war es Hans Küng möglich, an der Chinesischen Akademie für Sozialwissenschaft in Peking einen Vortrag zur Gottesfrage zu halten. Auf diesen Kontakten konnte die Stiftung Weltethos aufbauen: Bereits 1997 und 2001 fanden in Peking akademische Konferenzen statt, in denen die Relevanz des Weltethos für China untersucht wurde und Konvergenzen zwischen Weltethos und traditioneller chinesischer Ethik (Konfuzius!) festgestellt wurden. Beim 2. Internationalen Sinologenkongress an der Renmin-Universität in Peking 2009 hielt Hans Küng die Eröffnungsrede. Auch Stephan Schlensog hielt Vorträge in Peking, Hongkong und Shanghai. Im September 2010 gründete der renommierte Philosoph Prof. Tu Weiming an der Peking-Universität (Beida) ein Institute for Advanced Humanistic Studies mit einem Zentrum für Weltreligionen und Weltethos. Dieses Zentrum wird geleitet von dem Philosophen Dr. Yang Xusheng, der seit seiner Studienzeit in Tübingen sehr gut mit dem Projekt Weltethos vertraut ist und seit Jahren in engem Kontakt mit unserer Stiftung steht.

Inzwischen hat sich jedoch die Aktivität der Stiftung Weltethos in China auch auf die praktisch-pädagogische Ebene niedergeschlagen: Die Partner der Stiftung vom evangelischen Institute of Sino-Christian Studies in Hongkong haben gemeinsam mit den Schulbehörden in Hongkong den Materialienordner »Weltethos in der Schule« ins Chinesische übersetzt und für die kulturelle Situation Chinas adaptiert. 2011 erschien das erste Weltethos-Schulbuch für Hongkong. Diese Materialien sollen nun ins Schul- und Lehrerbildungs- system zunächst Hongkongs, aber in einem zweiten Schritt auch ganz Chinas eingebracht werden.

Weitere asiatische Länder

In *Malaysia* ließ 2005 der damalige Repräsentant der Kon- rad-Adenauer-Stiftung (KAS), Peter Schier, die Ausstellung »Weltreligionen – Weltfrieden – Weltethos« in die Landes- sprache Bahasa und ins Chinesische übersetzen und führte mit großem Erfolg deren Präsentation in Kuala Lumpur und Penang durch. Auch hier stand der pädagogische Aspekt im Vordergrund, und im Kontext der Ausstellung kam es zu zahlreichen und intensiven interreligiösen Begegnungen. Auf einer von der KAS mitorganisierten Konferenz in Kuala Lum- pur im Dezember 2005 – eröffnet mit Vorträgen von Hans Küng und Günther Gebhardt – diskutierten und arbeiteten Vertreter von Erziehungsministerien und Schulbehörden aus elf südostasiatischen Ländern über Weltethos in der Schule.

Als internationaler Referent der Stiftung Weltethos führte Peter Schier die Weltethos-Idee 2009 und 2010 auch auf interkulturellen Konferenzen in *Bangladesh* und *Indien* ein. Bereits 1997 hatte in Delhi eine wissenschaftliche Konferenz zur Beziehung von Weltethos und indischer Ethik stattge- funden. Im Rahmen einer Vortragsreise von Hans Küng und Stephan Schlensog nach *Indonesien* im Jahr 2010 konn- ten wertvolle Kontakte vor allem mit Universitäten und im Schulbereich geknüpft werden. Für die Zukunft hoffen wir, an diesen Erfahrungen anknüpfen und womöglich eine Zu- sammenarbeit mit relevanten Einrichtungen im Land auf- bauen zu können.

In einer Zeit wachsenden Misstrauens gegenüber Muslimen und großer Umbrüche im Nahen Osten liegt die Förderung des Dialogs zwischen Juden, Christen und Muslimen und die Erinnerung an ihre Gemeinsamkeiten auf ethischer Ebene der Stiftung Weltethos besonders am Herzen. Bereits vor Entwicklung des Projekts Weltethos hatten Vortragsreisen von Hans Küng in Länder des Nahen und Mittleren Ostens eine Vertrauensbasis schaffen können. Besonders wichtig waren dabei verschiedene Vorträge in Israel und frühe akademische Kontakte in Iran (etwa zum späteren reformwilligen Präsidenten Khatami) und zu Persönlichkeiten des interreligiösen Dialogs wie Prinz Hassan von Jordanien, später auch zu Regierungskreisen im Sultanat Oman, das eine tolerante und dialogoffene Religionspolitik vertritt.

Im Jahr 2007 – von den Umbrüchen vier Jahre später konnte man da noch nichts ahnen – fand eine religionspolitisch bedeutsame Vortragsreise von Prof. Küng nach Kairo und Damaskus statt. Besonders wichtig für die Verbreitung der Weltethos-Idee im arabischen Raum waren ein Vortrag und ein hochrangiges Kolloquium an der American University in Kairo. Auf Einladung des Goethe-Instituts in Damaskus und des syrischen Verlags Dar al-Fikr sprach Prof. Küng in Damaskus vor Religionsvertretern, Studierenden und allgemeinem Publikum. Nachdem das Buch »Projekt Weltethos« bereits 1998 im Libanon ins Arabische übersetzt worden war, erschienen in den letzten Jahren einige Übersetzungen theologischer und Weltethos-bezogener Werke in Iran sowie eine arabische Fassung des informativen Gesprächsbuchs »Wozu Weltethos?«, übersetzt und mit einem umfangreichen Kommentar für das arabische Publikum versehen von Thabet Eid (Zürich). Wichtige Bildungsarbeit im Projekt Weltethos vor allem für muslimisches Publikum in Deutschland leistet als freier Referent der Stiftung der muslimische Gelehrte Muhammad Sameer Murtaza.

Südamerika

Die Entwicklung des Projekts Weltethos ist immer wieder für Überraschungen gut. Kontakte zu südamerikanischen Ländern standen nicht vorrangig auf dem Programm der Stiftung, als fast zur selben Zeit im Jahr 2006 drei Persönlichkeiten aus Kolumbien, Mexiko und Brasilien auf die Stiftung Weltethos zukamen und ihr Interesse an Weltethos-Aktivitäten und eigenen Weltethos-Stiftungen in ihren Ländern darlegten. In Kolumbien war dies Carlos Paz, Rechtsanwalt und weit bekannter Projekt-Promotor, in Mexiko der Unternehmer und Philanthrop Gerardo Martinez Cristerna, in Brasilien der Germanistikprofessor Paulo Soethe (Curitiba), der wichtige Kontakte zur Universität UNISINOS in São Leopoldo herstellte, vor allem zum dortigen Instituto Humanitas unter Leitung von Inacio Neutzling. Mit viel Energie und höchster Effizienz organisierten diese Partner der Stiftung Weltethos in Brasilien, Kolumbien und Mexiko im Jahr 2007 Vortragsreisen von Hans Küng in diese Länder (teils in Begleitung von Stephan Schlensog) und gründeten in erstaunlicher Geschwindigkeit eigene Weltethos-Stiftungen (Kolumbien und Mexiko) oder richteten ein Weltethos-Büro ein (Brasilien). Die Weltethos-Idee stößt in all diesen Ländern auf erfreuliches Interesse in Wirtschaft, Politik, in akademischen Kreisen und bei Vertretern aus unterschiedlichen anderen Bereichen der Gesellschaft.

Es würde zu weit führen, hier all die interessanten und kreativen Projekte zu beschreiben, die seit 2006 in diesen Ländern unternommen wurden. Das wohl spektakulärste davon sei jedoch als Beispiel erwähnt: In Kolumbien konnte der Leiter der dortigen Weltethos-Stiftung (Fundación Ética Mundial), Carlos Paz, ein großes Projekt zur Verbreitung der Weltethos-Idee in den Medien erfolgreich durchführen. Jeden Montag von November 2009 bis Juli 2010 (36 Wochen lang) lagen der größten kolumbianischen Tageszeitung, »El Tiempo«, Hefte zu einzelnen Aspekten des Weltethos bei, inspiriert vom Materialienordner »Weltethos in der Schule«, für den kolumbianischen Kontext aufbereitet und erweitert. Dazu wurde in Zusammenarbeit mit »El Tiempo« ein umfangreiches Handbuch zum Weltethos verfasst, das in vielfältig und kreativ gestalteter Weise eine Fülle von ethisch relevanten Themen auf der Basis des Weltethos anspricht. Es ist geplant, dieses Handbuch in Zusammenarbeit mit großen Tageszeitungen auch in Chile und Mexiko sowie in portugiesischer Übersetzung in Brasilien zu verbreiten. Ein vom Verlag Trotta (Madrid) 2008 herausgegebenes Sammelbändchen mit den von Hans Küng in Südamerika gehaltenen Vorträgen (»Ética mundial en América Latina«) dient ebenfalls der Verbreitung der Weltethos-Idee auf diesem Kontinent.

Schweiz

Die älteste »Tochter« der Tübinger Stiftung Weltethos ist die Stiftung Weltethos Schweiz. Ihre Gründung (1996) wurde bereits oben beschrieben. Die Aktivitäten der Stiftung innerhalb der Schweiz konzentrierten sich von Anfang an einerseits auf den Bereich Schule, andererseits auf die Verbreitung der Ausstellung »Weltreligionen – Weltfrieden – Weltethos«, die samt Begleitbroschüre von der Schweizer Stiftung auch auf Französisch produziert und präsentiert wurde. Vor allem dank des Engagements des langjährigen Geschäftsführers

Guido Baumann konnte die Ausstellung über mehrere Jahre hin in einer Vielzahl von großen und kleineren Orten der Schweiz gezeigt werden, oft begleitet von Vorträgen oder anderen Veranstaltungen zum Weltethos.

Wie in Deutschland, so hat sich auch in der Schweiz die Stiftung als besonders wichtige Aufgabe die pädagogische Vermittlung des Weltethos-Gedankens in der Schule gestellt. Bereits 1998/99 veranstaltete die Schweizer Stiftung in Zusammenarbeit mit der Stiftung Bildung und Entwicklung einen Schulwettbewerb in der Deutschschweiz. Dabei wurden Schulklassen dazu angeregt, Unterrichtsmodelle zu Themen aus dem Bereich Weltethos und Weltreligionen zu entwickeln, deren beste von der Stiftung prämiert wurden. Auch in der französischsprachigen Westschweiz fanden 2006/7 und 2009/10 solche Schulwettbewerbe statt. Weiterbildungen für Lehrpersonen und sonstige Vortragstätigkeit förderten ebenfalls die Bekanntheit des Projekts Weltethos im schulischen Bereich. Die Präsenz der Stiftung im Raum der Pädagogik in der Schweiz gipfelt in einer seit 2009 vereinbarten offiziellen Kooperation mit der Pädagogischen Hochschule Zentralschweiz (PHZ), Fachstelle Ethik, Religionen und Kultur in Goldau. Ziel ist der Aufbau eines »Kompetenzzentrums Weltethos« an der PHZ. Dazu liefen bis 2011 neun Einzelprojekte: von einem Projektwettbewerb für Schulklassen über Weiterbildungskurse bis zur Erstellung von Lehrmitteln zu Weltethos auf der Basis des Materialienordners »Weltethos in der Schule«. Projektleiter in Goldau ist Guido Estermann, Stephan Schlensog begleitet das Projekt inhaltlich und organisatorisch von Tübinger Seite. Das Kooperationsprojekt »Weltethos« an der PHZ gilt bereits heute als »Alleinstellungsmerkmal« dieser Einrichtung und findet überregional großes Interesse. Es soll auch auf weitere Pädagogische Hochschulen ausgedehnt werden.

Außer in ihren praktischen Aktivitäten und Projekten spielt die Stiftung Weltethos Schweiz eine wichtige Rolle in der finanziellen Unterstützung von internationalen Projekten und von Personalkosten der Tübinger Stiftung. Besonders das Multimedia-Projekt »Spurensuche«, die Projekte in China – Konferenzen und Schulprojekte –, aber auch Buchprojekte, etwa in Tschechien und Bosnien-Herzegowina, wurden von der Schweizer Stiftung großzügig gefördert.

Österreich

Nicht als Stiftung, sondern seit 2005 als Verein strukturiert ist die bereits vorher seit mehreren Jahren aktive Initiative Weltethos Österreich (IWEO) mit Sitz in Wien. Wie so oft verdankt sie sich dem Engagement einer einzigen, von der Weltethos-Idee begeisterten Person: Mag. (seit 2011 Prof.) Edith Riether. Durch ihren unermüdlichen Einsatz gelang es ihr seit dem Jahr 2000 als langjährige Generalsekretärin und seit 2010 als Präsidentin, eine Reihe von Schlüsselpersönlichkeiten aus verschiedenen Gesellschaftsbereichen und Religionen für Vorstand und Mitgliedschaft zu gewinnen und im Lauf der Jahre eine Vielzahl von Aktivitäten zu initiieren und durchzuführen. Breite Ausstrahlung, auch durch die entsprechenden Sammelbände, haben die seit 2005 alljährlich organisierten Ringvorlesungen an Wiener Universitäten, oft zu eher ungewöhnlichen Aspekten des Weltethos wie Technik, Tierethik oder Psychologie.

Auch in Österreich spielt der Bereich Schule eine wichtige Rolle. Die IWEO setzt sich für die Einführung von Ethikunterricht an den Schulen auf der Basis des Projekts Weltethos ein. Sie organisierte einen Plakatwettbewerb zur »Goldenen Regel« und einen Aufsatzwettbewerb zu den Weltethos-Prinzipien. Durch Lehrerfortbildungen, allgemeine Vorträge und die Ausstellung »Weltreligionen – Weltfrieden – Weltethos« versuchen Edith Riether und andere, den Weltethos-Gedanken in Österreich bekannter zu machen.

Unabhängig von der IWEO arbeitet das »Innsbrucker Forum zur wissenschaftlichen Förderung des Projekts Weltethos« unter Leitung von Prof. em. Helmut Reinalter. Vorrangige Aufgabe dieses Forums ist die wissenschaftliche Reflexion über verschiedene Dimensionen von Weltethos durch Symposien, Vortragsreihen und Publikationen.

Tschechien

Im Jahr 2000 gründete Dozent Dr. Karel Floss, Senator i. R., eine tschechische Weltethos-Stiftung. Sie hatte bis 2011 ihren Sitz in Sazava, seither in Prag. Karel Floss warb für den Weltethos-Gedanken vor allem in politischen Kreisen und förderte in Form von Symposien und Publikationen die philosophische Durchdringung der Weltethos-Idee. Seiner Initiative sind auch tschechische Übersetzungen verschiedener Bücher Hans Küngs zum Weltethos zu verdanken. Mit der Verlegung nach Prag legte Karel Floss auch die Leitung der Stiftung in jüngere Hände.

Außer diesen offiziellen europäischen Partnerstiftungen und Initiativen gibt es in verschiedenen weiteren Ländern Gruppen und Institutionen, die etwa durch die Übersetzung und Verbreitung von Publikationen und Materialien der Stiftung Weltethos, durch die Präsentation der Ausstellung, durch Konferenzen, Bildungsveranstaltungen oder Schulprojekte für die Weltethos-Idee aktiv sind. Dies ist z. B. der Fall in *Bosnien-Herzegowina, Kroatien, Italien, Frankreich, Belgien*. Eine Weltethos-Stiftung in *Ungarn* musste aufgrund der schwierigen Situation im Land ihre Tätigkeit leider wieder einstellen.

Höchst erfreulich und kaum zu erwarten war die Wirkung
der Weltethos-Idee bei den Vereinten Nationen: Nachdem
Hans Küng bereits 1992 und 1999 Vorträge im UN-Hauptquartier in New York gehalten hatte, arbeitete er, wie oben
bereits ausgeführt, 2001 an einem vom damaligen UN-
Generalsekretär Kofi Annan in Auftrag gegebenen Manifest für den Dialog der Kulturen mit, das programmatische
Grundlinien erarbeiten sollte für die internationale Politik
des anbrechenden 21. Jahrhunderts: »Crossing the Divide«
(deutsch: »Brücken in die Zukunft«). In vielen Passagen
dieses wertvollen und wegweisenden Dokuments fand die
Weltethos-Thematik ihren Niederschlag. Die Ausstellung
»Weltreligionen – Weltfrieden – Weltethos« konnte 2001,
unmittelbar nach den verheerenden Terroranschlägen von
New York und Washington, sogar im UN-Gebäude in New
York gezeigt werden, wie übrigens auch im Jahr darauf beim
Weltwährungsfonds (IMF) in Washington, wo sie der dama-
lige Generaldirektor, Dr. Horst Köhler, gemeinsam mit Hans
Küng eröffnete.

So kam es nicht von ungefähr, dass Kofi Annan im Dezember 2003 in Tübingen die viel beachtete Dritte Weltethos-
Rede hielt: ein überzeugendes und unzweideutiges Plädoyer
für gemeinsame universelle Werte und für die Notwendigkeit, immer wieder neu, allen Widerständen zum Trotz, sich
dafür einzusetzen. Die jährlichen Weltethos-Reden sind eine
Art Schaufenster der Stiftung Weltethos mit großer Öffent-
lichkeits- und Medienwirkung. Die international renommierten Redner und Rednerinnen von 2000 bis 2010 sind in
Kap. V, 4 dieses Buches namentlich genannt.

*(4) Wissenschaftliche Forschung, Veröffentlichungen und
Veranstaltungen bleiben für die Stiftung weiterhin
wichtig*

Die in diesem Beitrag beschriebenen vielfältigen Aktivitäten der Stiftung Weltethos wären nicht möglich geworden
ohne eine solide wissenschaftliche Basis, die von Hans Küng
und anderen über Jahrzehnte erarbeitet wurde. Eine Übersicht über die so entstandene Grundlagenliteratur ist auf der
Homepage der Stiftung zu finden, die wichtigsten Publikationen zur Weltethos-Thematik sind am Ende dieses Buches
genannt. Doch nicht nur seitens unserer Stiftung wird immer wieder Neues erarbeitet, sondern auch interdisziplinär
ist ein breiter Diskurs, national und international, über die
Weltethos-Thematik in Gang gekommen. Wissenschaftliche
Symposien wurden von der Stiftung abgehalten – etwa in
China und in Indien zum spezifischen Beitrag dieser Kulturen zu einem Menschheitsethos –, aber auch interdisziplinär;
sie seien hier nur knapp aufgelistet:
»Globale Unternehmen – globales Ethos«, Baden-Baden
2001 (mit den Führungspersönlichkeiten mehrerer inter-
nationaler Großkonzerne, Wirtschaftsfachleuten und Ethi-
kern);
»Ein neues Paradigma der internationalen Beziehungen«,
Tübingen 2002 (mit Friedensforschern, Politologen und His-
torikern);
»Genese der Moral«, Tübingen 2006 (mit Experten aus
Theologie, Philosophie und Entwicklungsbiologie);
»Naturwissenschaft und Religion«, Tübingen 2006 (mit
Theologen und Fachgelehrten aus verschiedenen Zweigen der
Naturwissenschaften, von Urgeschichte bis Astrophysik);
»Weltreligionen als Faktoren der Weltpolitik«, Tübin-
gen 2007 (mit Gelehrten aus verschiedenen Religionen und

Mitgliedern des InterAction Council ehemaliger Staats- und Regierungschefs);

»Manifest Globales Wirtschaftsethos«, New York und Basel 2009 (mit Unternehmern, Wirtschaftswissenschaftlern und Ethikern);

»Weltethos, Recht und Politik«, Washington 2011 (mit Fachleuten für internationales Recht, sonstigen Rechtswissenschaftlern sowie Politikwissenschaftlern und Ethikern).

Völlig neue Perspektiven einer praxisbezogenen wissenschaftlichen Arbeit am Projekt Weltethos eröffnen sich der Stiftung Weltethos durch die Gründung des Weltethos-Instituts an der Universität Tübingen (WEIT) im Jahr 2011. Dazu verweise ich auf die Ausführungen von Stephan Schlensog in diesem Band.

Eine besondere Herausforderung bildete die Umsetzung der Weltethos-Idee in Musik, wovon im Folgenden von Hans Küng berichtet wird.

5. Musikalische Umsetzung

Persönlicher Hintergrund: Die Stiftung Weltethos konzentrierte sich von Anfang an nicht nur auf den interreligiösen Dialog, sondern auch auf Fragen von Erziehung und Schule, von Politik und Wirtschaft, ja sogar von Weltsport und Weltethos. Bisher vermissten wir aber die Umsetzung des Themas in den Künsten. Weltethos soll ja nicht nur den Kopf ansprechen, sondern auch das Herz, die Gefühle. Dafür eignet sich die Musik als spirituellste aller Künste in besonderer Weise.

Seit vielen Jahren habe ich mich mit der Frage beschäftigt, wie das Weltethos musikalisch zur Darstellung gebracht werden könnte. Nun bin ich selber weder Musiker noch Musikwissenschaftler, wohl aber Musikliebhaber und von Jugend auf engagierter Hörer, der jeden Tag mit Musik beginnt und sich oft auch durch den Tag hindurch von Musik tragen und erfreuen lässt. Dreien der ganz großen Meister – Mozart, Wagner, Bruckner – habe ich Reden und Aufsätze gewidmet, sie sind im Buch »Musik und Religion« (München 2006) publiziert. Die damit verbundene Arbeit war immerhin indirekte Vorbereitung auf das Weltethos-Musikprojekt.

(1) Worum es in der Komposition WELTETHOS geht

Nach all diesen Vorarbeiten drängte sich deshalb die Frage auf: Ließe sich das Weltethos nicht auch direkt mit der Musik in Verbindung bringen? Wie können ethische Maßstäbe musikalisch ausgedrückt werden? Wie gar in einer eigenen Komposition? Eine solche Komposition sollte das gemeinsame ethische Erbe der Menschheit zum Bewusstsein und zur Erfahrung bringen, wie es sich auf den Traditionslinien der großen Religionen und Philosophien findet und heutzutage sowohl von glaubenden wie nichtglaubenden Menschen mitgetragen werden kann und soll. Bei meinen ersten Überlegungen zu einem solchen Kompositionsprojekt wurde bald klar: Es geht in erster Linie um Vertonung von Originaltexten aus den bedeutenden Überlieferungen, die Zeugen eines bereits bestehenden Menschheitsethos sind, wie es sich in kulturübergreifenden ethischen Werten, Maßstäben und Haltungen manifestiert. So entstand aus meiner Feder das Gesamtkonzept der sechs Sätze, die einführenden Rezitative des Sprechers und der jeden Satz abschließende Refrain des Kinderchors. Alles in allem also der Versuch einer Klangvision von einem globalen Bewusstseinswandel.

Was für ein inhaltliches Konzept wäre da zu entwickeln? Meine Idee war, jeweils eines der sechs Prinzipien und Grundwerte des Weltethos – Menschlichkeit, Gegenseitigkeit, Gewaltlosigkeit, Gerechtigkeit, Wahrhaftigkeit, Partnerschaft – in Verbindung zu bringen mit einer der sechs großen religiösen Traditionen der Menschheit: mit chinesischer, hinduistischer, buddhistischer, jüdischer, christlicher und muslimischer Tradition. Diese Grundwerte sollen freilich nicht exklusiv einer Religion zugeschrieben, vielmehr affirmativ als ein besonderes Charakteristikum ausgedrückt werden durch ein Schlüsselzitat aus dieser Tradition und durch ein hinführendes Rezitativ.

(2) Die Realisierung des Konzepts

Dieses Konzept arbeitete ich aus, hatte dann aber allergrößte Mühe, einen kompetenten Komponisten für dieses ausnehmend schwierige Werk – für großes Orchester, Chor und Kinderchor – zu finden. Im deutschen Sprachraum gelang dies nicht, wohl aber schließlich in Großbritannien, in der Person des renommierten Komponisten Jonathan Harvey, der sich ausgewiesen hatte durch hervorragende Kenntnis und Sensibilität für die Musik der Hochkulturen. Die ethischen Texte waren für Harvey etwas völlig anderes, als er bisher in Musik umgesetzt hatte: »Mehr als poetisch oder mystisch sind dies pragmatische, noble und ethische Texte; ihr Zweck ist mehr sozial als ästhetisch.« Die musikalische Umsetzung der Weltethos-Problematik stellt eine gewaltige künstlerische Herausforderung dar.

Auf Harvey war ich aufmerksam gemacht worden durch die Berliner Philharmoniker und ihre damalige Intendantin Pamela Rosenberg und den Chefdirigenten Sir Simon Rattle. Finanziell ermöglicht wurde der große Kompositionsauftrag im Dienst der Völkerverständigung durch die Direktion für Entwicklung und Zusammenarbeit (DEZA) der Schweizerischen Eidgenossenschaft unter ihrem damaligen Direktor Walter Fust. Das große Werk WELTETHOS gelangte schließlich zur Welturaufführung durch die Berliner Philharmoniker mit Sir Simon Rattle, dem Rundfunkchor Berlin mit Simon Halsey und den Kinderchören des Georg-Friedrich-Händel Gymnasiums am 13. Oktober 2011 (Zweitaufführung 15. Oktober). Es wird in englischer Fassung vom City of Birmingham Symphony Orchestra unter der Leitung von Edward Gardner am 21. Juni 2012 in Birmingham zur Eröffnung der Kulturolympiade aufgeführt sowie am 7. Oktober in der Royal Festival Hall in London. Auf englische Anregung wird der deutsche Titel WELTETHOS (ähnlich wie »Weltanschauung« oder »Weltschmerz«) in der englischen Partitur übernommen.

*(3) Kein Religionenmix, sondern Frieden in Verschieden-
    heit*

Die sechs Sätze sollten nicht von sechs verschiedenen Komponisten geschrieben werden, weil es so nur zur Aneinanderreihung von sechs sehr unterschiedlichen Kompositionsstücken gekommen wäre. Das Weltethos aber will die Religionen nicht äußerlich zu einer einzigen Einheitsreligion mischen, wohl aber Frieden zwischen den Religionen und damit auch zwischen den Staaten anstreben. Deshalb sollte ein Potpourri vermieden werden, das aus einer bunten Folge von ursprünglich nicht zusammengehörendem Melos und Stil zusammengesetzt und mit Überleitungspassagen geschmückt wäre. Es sollte vielmehr ein Werk aus einem Guss sein, das allerdings die heutigen Möglichkeiten des Transponierens, Verfremdens und vielstimmigen Übereinanderschichtens nicht ausschließt.

Auch so mancher »postmoderner« Religionenmix ist schwer erträglich und theologisch auch kaum zu rechtfertigen. Der einzelne Mensch mag sich seinen spirituellen oder theologischen »Cocktail« mixen, der seinen persönlichen Neigungen und Bedürfnissen entspricht, sich in vielen Fällen aber nur auf die bequemen Seiten der Religion beschränkt. Aber die oft ersehnte Einheitsreligion für alle Menschen ist eine unrealistische Illusion. Denkbar und vielfach vor Ort schon realisiert ist eine einzige christliche Kirche; denn eine solche Gemeinschaft hat in dem einen Jesus Christus eine einzige Glaubensbasis, die allerdings vor allem wegen Machtanspruch und Blindheit der verschiedenen Hierarchien allzu wenig zum Tragen kommt. Aber die großen Religionen der Welt verfügen nicht über eine solche gemeinsame Glaubensbasis. Von Herkunft und Geschichte her sind sie verschieden und lagen oft in Konkurrenz und im Streit miteinander. Und ihnen schlicht eine gemeinsame Mystik zu unterstellen funktioniert nur, solange man schweigt und über die Art der mystischen Einheit nicht redet.

Das Ziel kann heute also keine einheitliche Weltreligion sein. Statt Einheit der Religionen erstreben wir Frieden unter den Religionen und somit Frieden auch unter den Nationen. Nun ist aber Frieden nie nur eine Angelegenheit des Kopfes und des Verstandes, sondern auch ein Anliegen des Herzens und des Gemüts. Und was spräche mehr zum Herzen als die Musik, welche die Sprache des Herzens versteht und spricht.

So wird denn in dieser Komposition der Versuch gewagt, die großen religiösen Traditionen musikalisch untereinander in Dialog und in Verbindung zu bringen. Allerdings wäre ein solcher Versuch von vornherein zum Scheitern verurteilt, wollte man ihn auf der Basis gemeinsamer Glaubenswahrheiten zu begründen versuchen. Zu unterschiedlich sind nicht nur die Gründergestalten der Religionen, sondern auch ihre Glaubensüberzeugungen, ihre Theologie und Dogmatik.

Aber Entscheidendes haben sie trotz allem gemeinsam – die Originaltexte der verschiedenen Traditionen illustrieren dies eindrücklich – in ihren Lebensanweisungen und Lebensgeboten, in ihren praktischen Verhaltensweisen, in ihrer Moral, ihrem Ethos. Diese Gemeinsamkeit in ihrem ethischen Kernbestand soll musikalisch zum Ausdruck gebracht werden. Eine Botschaft, die auf mehr Menschlichkeit zielt.

(4) Libretto der Komposition WELTETHOS

Musik: Jonathan Harvey; Libretto: Hans Küng

Satz I: Menschlichkeit

Sprecher (zu KONFUZIUS)

> War da ein Mann in China,
> geboren und gestorben in Qufu/Shangdong,
> vor zweieinhalbtausend Jahren
> und doch noch heute bekannt.
> Unruhig waren die Zeiten,
> und Kriege wie Aufstände häufig.
>
> »Meister« wurde er genannt,
> und war kein Guru und kein Prophet.
> Ein *Lehrer der Weisheit* war er,
> der Meister mit Namen »Kung«.
> Doch seinen Rat wollten die Mächtigen nicht.
> Minister nur für ein Jahr, doch Schüler hatte er,
> und sie bewahrten seine Lehre.
>
> Den Himmel achtete er und die ewige Ordnung.
> Die Alten studierte er und ihre Sitten,

die Dichtung liebte er und auch die Musik.
Doch um den Menschen ging es ihm
und des Menschen Menschlichkeit.

Chor (geflüstert)

Seinen Rat wollten die Mächtigen nicht.
Doch Schüler hatte er, die bewahrten seine Lehre.
Den Himmel achtete er und die ewige Ordnung.
Die Dichtung liebte er und auch die Musik.
Doch um den Menschen ging es ihm
und des Menschen Menschlichkeit.

Chor

»Der Meister sprach:
Mit fünfzehn hatte ich mich zum Lernen entschlossen,
mit dreißig stand ich fest,
mit vierzig war ich frei von Zweifeln,
mit fünfzig erkannte ich den Willen des Himmels,
mit sechzig war ich immer noch lernbegierig,
mit siebzig konnte ich den Wünschen meines Herzens
folgen, ohne gegen das Rechte zu verstoßen.«
(*Konfuzius, Gespräche 2,4*)

Hauptgesang: Chor

»Ein Mensch ohne Menschlichkeit,
was helfen dem die Riten?
Ein Mensch ohne Menschlichkeit,
was hilft dem die Musik?«
(*Konfuzius, Gespräche 3,3*)

Refrain: Kinderchor

Wir haben Zukunft:
Wir Kinder haben Zukunft,
wenn wir immer *menschlich bleiben.*
Menschen mit Vernunft und Herz.
Ob jung oder alt, arm oder reich,
weiß oder farbig, Mann oder Frau:
Jeder Mensch soll menschlich behandelt werden!
Lasst uns Menschen menschlich sein!

Leben! Leben! Leben in *Menschlichkeit!*
Wir Jungen haben Zukunft.
Wir Mädchen haben Zukunft.
Wir Kinder haben Zukunft,
wenn wir Menschen bleiben,
Menschen mit Vernunft und Herz.
Lasst uns Menschen menschlich sein!

Satz II: Goldene Regel

Sprecher (über MOSE)

In Ägypten war es vor langer Zeit,
da wurde er erwählt als Gottes Bote
und Führer des Volkes,
Urbild des Propheten.

Durch die Wüste führte er,
und Gottes Tora ward ihm gegeben,
die verkündet Gebote der Menschlichkeit:
Nicht morden, lügen, stehlen, Unzucht treiben.

Ein großes Vermächtnis an die Menschheit.
Bis heute mahnen die Stimmen von Israels Propheten
und fordern Gerechtigkeit, Wahrhaftigkeit,
Treue und Frieden.
Und die Gesetzeslehrer deuten sie für Groß und Klein.

Schon früh fand einer jene Regel,
einst grundgelegt im fernen China,
die man bis heute die Goldene nennt.

Chor (geflüstert)

Durch die Wüste führte er,
und Gottes Tora ward ihm gegeben,
die verkündet Gebote der Menschlichkeit.
Die Stimmen von Israels Propheten
fordern Gerechtigkeit, Wahrhaftigkeit,
Treue und Frieden.

Hauptgesang: Chor

(Goldene Regel)
»Tue nicht anderen,
was Du nicht willst,
dass sie Dir tun.«
(*Rabbi Hillel, Sabbat 31a*)

Chor

»Wie ein Einheimischer aus Eurer eigenen Mitte
soll Euch der Fremdling gelten, der bei Euch wohnt,
und Du sollst ihn lieben wie Dich selbst.«
(*Levitikus 19,34*)

Refrain: Kinderchor

Wir haben Zukunft:
Wir Kinder haben Zukunft,
wenn wir immer *menschlich bleiben.*
Menschen mit Vernunft und Herz.
Kein Rassimus, kein Sexismus, kein Nationalismus!
Wir wollen nicht Egoisten sein,
wir sind füreinander verantwortlich.
Leben! Leben! Leben in *Frieden* …

Satz III: Gewaltlosigkeit

Sprecher (über INDIENS GÖTTER)

Zahlreich die Götter, zahlreich die Gurus,
zahlreich Indiens Mythen, Riten und Legenden,
die zeugen von göttlichem Wirken
in allumfassender kosmischer Ordnung.

In des Menschen innerster Seele
suchten die Weisen einst den Weltengrund zu schauen:
Uranfang allen Seins,
Quell von Universum, Welt und Göttern.

Unter ihnen hoch verehrt Shiva,
der kosmische Schöpfer-Tänzer,
und Vishnu, immer neu sich zeigend
in menschlicher Gestalt.
Als Krishna weist er den Weg zu endgültiger Erlösung,
gegründet in Erkenntnis, Liebe
und tugendhaftem Wandel.

Zügelung der Sinne und selbstbeherrschtes Handeln
führen die Menschen zum Lebensglück,
nur wer im täglichen Tun alles Lebende achtet
wird frei und erreicht so sein höchstes Ziel.

Hauptgesang: Chor

»Schonung, Wahrhaftigkeit, Nicht-Zürnen,
Entsagung, Nicht-Hinterbringen,
Mitleid mit den Wesen,
Nicht-Begehrlichkeit, Milde,
Schamhaftigkeit, Nicht-Unstetsein ...
werden dem zuteil,
welcher für ein göttliches Geschick geboren ist ...
Das göttliche Geschick führt zur Erlösung.«
(*Mahabharata VI,40,2-5*)

Chor

»Gewaltlosigkeit, Wahrhaftigkeit, Nicht-Stehlen,
reiner Lebenswandel und Nicht-Besitzergreifen
ist die äußere Disziplin.«
(*Patañjali, Yogasutra II,30*)

»Weisheit, Wissen.«
(*Gesetz des Manu VI,92*)

Refrain: Kinderchor

Wir haben Zukunft:
Wir Kinder haben Zukunft,
wenn wir immer *menschlich bleiben.*
Menschen mit Vernunft und Herz.

Nein, nicht Hass und Neid,
nicht Gewalt und Kriminalität.
Lasst uns Menschen menschlich sein!
Leben! Leben! Leben in *Freiheit* …

Chor

»Kein Bruder soll seinen Bruder
hassen, keine Schwester ihre
Schwester, sprecht Eure Worte
einmütig, im selben Ziel vereint,
in Freundlichkeit.«
(*Atharva Veda 3,30*)

Satz IV: Gerechtigkeit

Sprecher (über Muhammad)

Der Weg, die Wahrheit und das Leben:
das war und ist im Islam nicht der Prophet,
Feldherr und Staatsmann.
Das waren und sind Gottes Offenbarungen,
das heilige Buch.
Hingabe an den einen und einzigen Gott,
den Gerechten und Barmherzigen fordert der Koran.
Und ein Ethos der Gerechtigkeit:
gegen Egoismus und Materialismus,
für soziale Solidarität.
Dies ist die Botschaft des Propheten.

Chor (a cappella)

»Hast Du den gesehen, der das Gericht für Lüge erklärt?
Das ist der, der die Waise zurückstößt und nicht zur
Speisung des Bedürftigen anhält. Wehe den Betenden,
die auf ihr Gebet nicht achtgeben, die nur gesehen
werden wollen und die Hilfeleistung verwehren.«
(*Koran, Sure 107,1-7*)

Hauptgesang: Chor

»Keiner von Euch
ist ein Gläubiger,
solange er nicht seinem Bruder wünscht,
was er sich selber wünscht.«
(*40 Hadithe von an-Nawawi 13*)

»Und sei gut zu Deinem Nachbarn,
so wirst Du ein Gläubiger sein.
Und wünsche für die Menschen das,
was Du für Dich selbst wünschst ...«
(*at-Tirmidhi, Hadith 2305*)

Refrain: Kinderchor

Wir haben Zukunft:
Wir Kinder haben Zukunft,
wenn wir immer *menschlich bleiben.*
Menschen mit Vernunft und Herz.
Nein, nicht Hunger und Armut,
nicht Gier und Korruption.
Lasst uns Menschen menschlich sein!
Leben! Leben! Leben in *Gerechtigkeit* ...

Satz V: Wahrhaftigkeit

Sprecher (über BUDDHA GAUTAMA)

Ein Fürstensohn war er,
der alles besaß, Frau, Kind und Reichtum.
Doch konfrontiert mit dem Leid der Welt,
mit Alter, Krankheit und Tod,
gab er alles auf und wurde Bettelmönch.
Doch nicht durch harte Askese,
sondern durch Meditation und tiefe Versenkung
fand er, was er lang ersehnt, Erleuchtung, Befreiung.
Er durchschaute das Leid und was Leiden schafft:
Gier, Hass und Verblendung.
Und als Weg zum Heil die Selbstlosigkeit,
die frei macht zum Mitleid mit aller lebenden Kreatur.
Ein achtfacher Pfad aus der Ichsucht:
Rechte Erkenntnis und rechte Gesinnung – Wissen,
rechte Rede, rechtes Handeln, rechtes Leben – Ethos,
rechte Anstrengung, rechte Achtsamkeit
und rechte Sammlung – Erleuchtung.

Chor

»Lass Dich nicht leiten von Berichten, von Tradition
oder vom Hörensagen.
Lass Dich weder leiten von der Autorität religiöser Texte,
noch von der reinen Logik oder von Schlussfolgerungen,
noch vom Achten auf Äußerlichkeiten, noch von
der Freude an spekulativen Meinungen, noch von
scheinbaren Möglichkeiten, noch von der Vorstellung:
dies ist Dein Lehrer.
Aber wenn Du für Dich selber weißt,

dass bestimmte Dinge ungesund,
falsch und schlecht sind, dann gib sie auf.
Und wenn Du für Dich selber weißt,
dass bestimmte Dinge gesund und gut sind,
dann nimm sie an und folge ihnen.«
(*Vimamsaka Sutta*)

Chor

Rechte Erkenntnis, rechte Gesinnung,
rechte Rede, rechtes Handeln,
rechtes Leben, rechte Anstrengung,
rechte Achtsamkeit und rechte Sammlung.

Refrain: Kinderchor

Wir haben Zukunft:
Wir Kinder haben Zukunft,
wenn wir immer *menschlich bleiben.*
Menschen mit Vernunft und Herz.
Nein, nicht Lüge und Betrug,
nicht Heuchelei und Demagogie.
Lasst uns Menschen menschlich sein!
Leben! Leben! Leben in *Wahrhaftigkeit …*

Satz VI: Partnerschaft

Sprecher (über JESUS VON NAZARET)

Ein Mann von 30 Jahren,
in einem fernen Winkel des römischen Imperiums
hat er Geschichte gemacht.

Ein Wanderprediger in Israel,
Gott näher als die Priester,
der Welt gegenüber freier als die Asketen,
moralischer als die Moralisten
und revolutionärer als die Revolutionäre.
Er verkündet Gottes Reich und seinen Willen,
der auf das Wohl des Menschen zielt.
Er tritt ein für eine Liebe,
die auch den Gegner einschließt,
die gehen kann bis
zum Dienst ohne Rangordnung,
zum Verzicht ohne Gegenleistung,
zum Vergeben ohne Ende
und zur Solidarisierung mit den Armen,
den Armseligen dieser Welt.
Bezahlt hat er mit dem Leben
in einem Tod voller Grausamkeit.
Doch für die Glaubenden lebt er
in Gottes Ewigkeit.
Seine Botschaft der Liebe bleibt.

Chor

»Wenn ich mit Menschen- und mit Engelzungen redete
und hätte die Liebe nicht,
so wäre ich ein tönendes Erz
oder eine klingende Schelle.
Und wenn ich prophetisch reden könnte
und wüsste alle Geheimnisse und alle Erkenntnis
und hätte allen Glauben,
so dass ich Berge versetzen könnte,
und hätte die Liebe nicht, so wäre ich nichts.
Und wenn ich alle meine Habe den Armen gäbe,

und ließe meinen Leib verbrennen,
und hätte die Liebe nicht, so wäre mir's nichts nütze.«
(*1. Korintherbrief 13,1–3*)

Hauptgesang: Chor

»Die Liebe ist langmütig und freundlich.
Die Liebe eifert nicht, die Liebe treibt nicht Mutwillen,
sie bläht sich nicht auf, sie verhält sich nicht ungehörig,
sie freut sich aber an der Wahrheit;
sie erträgt alles, sie glaubt alles, sie hofft alles,
sie duldet alles.
Die Liebe hört niemals auf.«
(*1. Korintherbrief 13,4–8a*)

Refrain: Kinderchor

Wir haben Zukunft:
Wir Kinder haben Zukunft,
wenn wir immer *menschlich bleiben*.
Menschen mit Vernunft und Herz.
Nein, nicht Diskriminierung und Ausbeutung,
nicht sexueller Missbrauch.
Lasst uns Menschen menschlich sein!
Leben! Leben! Leben in *Liebe* …

Hauptgesang: Chor

»Ein Mensch ohne Menschlichkeit,
was helfen dem die Riten?«
(*Konfuzius, Gespräche 3,3*)

»Tue nicht anderen,
was Du nicht willst,
dass sie Dir tun.«
(*Rabbi Hillel, Sabbat 31a*)

»… welcher für ein göttliches Geschick geboren ist …
Das göttliche Geschick führt zur Erlösung.«
(*Mahabharata VI,40,5*)

Sprecher

Leben! Leben! Leben in Frieden!
Menschlichkeit.
In Freiheit
Gerechtigkeit
Wahrhaftigkeit
Leben in Liebe
Leben.

Chor (bassi soli)

Die Liebe sucht nicht das Ihre,
sie lässt sich nicht erbittern.

Chor

Ein Ethos der Gerechtigkeit ist die Botschaft des
Propheten.
(*Muhammad*)

Er durchschaute das Leid und was Leiden schafft:
Gier, Hass und Verblendung.
(*Buddha*)

Die Liebe hört niemals auf.
Sie rechnet das Böse nicht zu, sie freut sich nicht
über die Ungerechtigkeit.
(Paulus)

Freiheit, Friede, Liebe.

IV. Weltethos-Dokumente

1. Erklärung zum Weltethos des Parlaments der Weltreligionen (Chicago, 4.9.1993)

Einführung

Der hier als »Einführung« bezeichnete Text wurde auf der Grundlage der in Tübingen verfassten Weltethos-Erklärung – sie beginnt mit »Die Prinzipien eines Weltethos« – von einem Redaktionskomitee des »Council« des Parlaments der Weltreligionen in Chicago erstellt. Er wollte – zu publizistischen Zwecken – eine knappe Zusammenfassung der Erklärung bieten. Zugleich sollte er der öffentlichen Verlesung dienen. So wurde dieser Text denn auch bei der feierlichen öffentlichen Abschlussversammlung am 4. September 1993 im Grant Park von Chicago vor rund 6000 Teilnehmern vom Dalai Lama verlesen, wobei mehrere Passagen vom spontanen Beifall der Tausenden von Zuhörern begleitet wurden.

Die Welt liegt in Agonie. Diese Agonie ist so durchdringend und bedrängend, dass wir uns herausgefordert fühlen, ihre Erscheinungsformen zu benennen, so dass die Tiefe unserer Besorgnis deutlich werden mag.

Der Friede entzieht sich uns – der Planet wird zerstört – Nachbarn leben in Angst – Frauen und Männer sind entfremdet voneinander – Kinder sterben!

Das ist abscheulich!

Wir verurteilen den Missbrauch der Ökosysteme unserer Erde.

Wir verurteilen die Armut, die Lebenschancen erstickt; den Hunger, der den menschlichen Körper schwächt; die wirtschaftlichen Ungleichheiten, die so viele Familien mit Ruin bedrohen.

Wir verurteilen die soziale Unordnung der Nationen; die Missachtung der Gerechtigkeit, welche Bürger an den Rand drängt; die Anarchie, welche in unseren Gemeinden Platz greift; und den sinnlosen Tod von Kindern durch Gewalt. Insbesondere verurteilen wir Aggression und Hass im Namen der Religion.

Diese Agonie muss nicht sein.

Sie muss nicht sein, weil die Grundlage für ein Ethos bereits existiert. Dieses Ethos bietet die Möglichkeit zu einer besseren individuellen und globalen Ordnung und führt die Menschen weg von Verzweiflung und die Gesellschaften weg vom Chaos.

Wir sind Frauen und Männer, welche sich zu den Geboten und Praktiken der Religionen der Welt bekennen:

Wir bekräftigen, dass sich in den Lehren der Religionen ein gemeinsamer Bestand von Kernwerten findet und dass diese die Grundlage für ein Weltethos bilden.

Wir bekräftigen, dass diese Wahrheit bereits bekannt ist, aber noch mit Herz und Tat gelebt werden muss.

Wir bekräftigen, dass es eine unwiderrufbare, unbedingte Norm für alle Bereiche des Lebens gibt, für Familien und Gemeinden, für Rassen, Nationen und Religionen. Es gibt bereits uralte Richtlinien für menschliches Verhalten, die in den Lehren der Religionen der Welt gefunden werden können und welche die Bedingung für eine dauerhafte Weltordnung sind.

Wir erklären:

Wir sind alle voneinander abhängig. Jeder von uns hängt vom Wohlergehen des Ganzen ab. Deshalb haben wir Achtung vor der Gemeinschaft der Lebewesen, der Menschen, Tiere und Pflanzen, und haben Sorge für die Erhaltung der Erde, der Luft, des Wassers und des Bodens.

Wir tragen die individuelle Verantwortung für alles, was wir tun. All unsere Entscheidungen, Handlungen und Unterlassungen haben Konsequenzen.

Wir müssen andere behandeln, wie wir von anderen behandelt werden wollen. Wir verpflichten uns, Leben und Würde, Individualität und Verschiedenheit zu achten, so dass jede Person menschlich behandelt wird – und zwar ohne Ausnahme. Wir müssen Geduld und Akzeptanz üben. Wir müssen fähig sein zu vergeben, indem wir von der Vergangenheit lernen, aber es niemals zulassen, dass wir selber Gefangene der Erinnerungen des Hasses bleiben. Indem wir unsere Herzen einander öffnen, müssen wir unsere engstirnigen Streitigkeiten um der Sache der Weltgemeinschaft willen begraben und so eine Kultur der Solidarität und gegenseitigen Verbundenheit praktizieren.

Wir betrachten die Menschheit als unsere Familie. Wir müssen danach streben, freundlich und großzügig zu sein. Wir dürfen nicht allein für uns selber leben, müssen vielmehr auch anderen dienen und niemals die Kinder, die Alten, die Armen, die Leidenden, die Behinderten, die Flüchtlinge und die Einsamen vergessen. Niemand soll jemals als Bürger zweiter Klasse betrachtet oder behandelt oder, in welcher Weise auch immer, ausgebeutet werden. Es sollte eine gleichberechtigte Partnerschaft zwischen Mann und Frau geben. Wir dürfen keinerlei sexuelle Unmoral begehen. Wir müssen alle Formen der Herrschaft oder des Missbrauchs hinter uns lassen.

Wir verpflichten uns auf eine Kultur der Gewaltlosigkeit, des Respekts, der Gerechtigkeit und des Friedens. Wir werden keine anderen Menschen unterdrücken, schädigen, foltern, gar töten und auf Gewalt als Mittel zum Austrag von Differenzen verzichten.

Wir müssen nach einer gerechten sozialen und ökonomischen Ordnung streben, in der jeder die gleiche Chance erhält, seine vollen Möglichkeiten als Mensch auszuschöpfen. Wir müssen in Wahrhaftigkeit sprechen und handeln sowie mit Mitgefühl, indem wir mit allen in fairer Weise umgehen und Vorurteile und Hass vermeiden. Wir dürfen nicht stehlen. Wir müssen vielmehr die Herrschaft der Sucht nach Macht, Prestige, Geld und Konsum überwinden, um eine gerechte und friedvolle Welt zu schaffen.

Die Erde kann nicht zum Besseren verändert werden, wenn sich nicht das Bewusstsein der Einzelnen zuerst ändert. Wir versprechen, unsere Wahrnehmungsfähigkeit zu erweitern, indem wir unseren Geist disziplinieren durch Meditation, Gebet oder positives Denken. Ohne Risiko und ohne Opferbereitschaft kann es keine grundlegende Veränderung in unserer Situation geben. Deshalb verpflichten wir uns auf dieses Weltethos, auf Verständnis füreinander und auf sozialverträgliche, friedensfördernde und naturfreundliche Lebensformen.

Wir laden alle Menschen, ob religiös oder nicht, dazu ein, dasselbe zu tun.

Die Prinzipien eines Weltethos

Unsere Welt geht durch eine *fundamentale Krise*: eine Krise der Weltwirtschaft, der Weltökologie, der Weltpolitik. Überall beklagt man die Abwesenheit einer großen Vision, den erschreckenden Stau ungelöster Probleme, die politische Lähmung, nur mittelmäßige politische Führung ohne viel Einsicht und Voraussicht und allgemein zu wenig Sinn für das Gemeinwohl. Zu viele alte Antworten auf neue Herausforderungen.

Hunderte Millionen von Menschen auf unserem Planeten leiden zunehmend unter Arbeitslosigkeit, Armut, Hunger und Zerstörung der Familien. Die Hoffnung auf dauerhaften Frieden unter den Völkern schwindet wieder. Spannungen zwischen den Geschlechtern und Generationen haben ein beängstigendes Ausmaß erreicht. Kinder sterben, töten und werden getötet. Immer mehr Staaten werden durch Korruptionsaffären in Politik und Wirtschaft erschüttert. Das friedliche Zusammenleben in unseren Städten wird immer schwieriger durch soziale, rassische und ethnische Konflikte, durch Drogenmissbrauch, organisiertes Verbrechen, ja Anarchie. Selbst Nachbarn leben oft in Angst. Unser Planet wird nach wie vor rücksichtslos ausgeplündert. Ein Zusammenbruch der Ökosysteme droht.

Immer wieder neu beobachten wir, wie an nicht wenigen Orten dieser Welt Führer und Anhänger von *Religionen* Aggression, Fanatismus, Hass und Fremdenfeindlichkeit schüren, ja sogar gewaltsame und blutige Auseinandersetzungen inspirieren und legitimieren. Religion wird oft für rein machtpolitische Zwecke bis hin zum Krieg missbraucht. Das erfüllt uns mit Abscheu.

Wir verurteilen all diese Entwicklungen und erklären, dass dies nicht sein muss. Es existiert bereits ein *Ethos*, das diesen verhängnisvollen globalen Entwicklungen entgegenzusteuern vermag. Dieses Ethos bietet zwar keine direkten Lösungen für all die immensen Weltprobleme, wohl aber die moralische Grundlage für eine bessere individuelle und globale Ordnung: eine *Vision*, welche Frauen und Männer von der Verzweiflung und der Gewaltbereitschaft und die Gesellschaften weg vom Chaos zu führen vermag.

Wir sind Männer und Frauen, welche sich zu den Geboten und Praktiken der Religionen der Welt bekennen. Wir bekräftigen, dass es bereits einen Konsens unter den Religionen gibt, der die Grundlage für ein Weltethos bilden kann: einen minimalen *Grundkonsens* bezüglich verbindender *Werte*, unverrückbarer *Maßstäbe* und moralischer *Grundhaltungen*.

I. Keine neue Weltordnung ohne ein Weltethos

Wir, Männer und Frauen aus verschiedenen Religionen und Regionen dieser Erde, wenden uns deshalb an alle Menschen, religiöse und nichtreligiöse. Wir wollen unserer gemeinsamen Überzeugung Ausdruck verleihen:

- Wir *alle* haben eine *Verantwortung für eine bessere Weltordnung*.
- Unser Einsatz für die Menschenrechte, für Freiheit, Gerechtigkeit, Frieden und die Bewahrung der Erde ist unbedingt geboten.
- Unsere sehr verschiedenen religiösen und kulturellen Traditionen dürfen uns nicht hindern, uns gemeinsam aktiv einzusetzen gegen alle Formen der Unmenschlichkeit und für mehr Menschlichkeit.
- Die in dieser Erklärung ausgesprochenen Prinzipien können von allen Menschen mit ethischen Überzeugungen, religiös begründet oder nicht, mitgetragen werden.

- Wir aber *als religiöse und spirituell orientierte Menschen*, die ihr Leben auf eine Letzte Wirklichkeit gründen und aus ihr in Vertrauen, in Gebet oder Meditation, in Wort oder Schweigen spirituelle Kraft und Hoffnung schöpfen, haben eine ganz besondere Verpflichtung für das Wohl der gesamten Menschheit und die Sorge um den Planeten Erde. Wir halten uns nicht für besser als andere Menschen, aber wir vertrauen darauf, dass uns die uralte Weisheit unserer Religionen Wege auch für die Zukunft zu weisen vermag.

Nach zwei Weltkriegen und dem Ende des Kalten Krieges, nach dem Zusammenbruch von Faschismus und Nazismus und der Erschütterung von Kommunismus und Kolonialismus ist die Menschheit in eine neue Phase ihrer Geschichte eingetreten. Die Menschheit besäße heute genügend ökonomische, kulturelle und geistige Ressourcen, um eine bessere Weltordnung heraufzuführen. Doch alte und neue *ethnische, nationale, soziale, wirtschaftliche und religiöse Spannungen* bedrohen den friedlichen Aufbau einer besseren Welt. Unsere Zeit erlebt zwar größere wissenschaftliche und technische Fortschritte denn je. Und doch stehen wir vor der Tatsache, dass weltweit Armut, Hunger, Kindersterben, Arbeitslosigkeit, Verelendung und Naturzerstörung nicht geringer geworden sind, ja zugenommen haben. Vielen Völkern droht der wirtschaftliche Ruin, die soziale Demontage, die politische Marginalisierung, die ökologische Katastrophe, der nationale Zusammenbruch.

In einer solch dramatischen Weltlage braucht die Menschheit nicht nur politische Programme und Aktionen. Sie bedarf einer *Vision des friedlichen Zusammenlebens* der Völker, der ethnischen und ethischen Gruppierungen und der Religionen in gemeinsamer Verantwortung für unseren

Planeten Erde. Eine Vision beruht auf Hoffnungen, auf Zielen, Idealen, Maßstäben. Diese aber sind vielen Menschen überall auf der Welt abhandengekommen. Und doch sind wir davon überzeugt: Gerade die Religionen tragen trotz ihres Missbrauchs und häufigen historischen Versagens die Verantwortung dafür, dass solche Hoffnungen, Ziele, Ideale und Maßstäbe wachgehalten, begründet und gelebt werden können. Das gilt insbesondere für moderne Staatswesen: Garantien für Gewissens- und Religionsfreiheit sind notwendig, aber sie ersetzen nicht verbindende Werte, Überzeugungen und Normen, die für alle Menschen gelten, gleich welcher sozialen Herkunft, welchen Geschlechts, welcher Hautfarbe, Sprache oder Religion.

Wir sind überzeugt von der fundamentalen Einheit der menschlichen Familie auf unserem Planeten Erde. Wir rufen deshalb die Allgemeine Menschenrechtserklärung der Vereinten Nationen von 1948 in Erinnerung. Was sie auf der Ebene des *Rechts* feierlich proklamierte, das wollen wir hier vom *Ethos* her bestätigen und vertiefen: die volle Realisierung der Unverfügbarkeit der menschlichen Person, der unveräußerlichen Freiheit, der prinzipiellen Gleichheit aller Menschen und der notwendigen Solidarität und gegenseitigen Abhängigkeit aller Menschen voneinander.

Aufgrund von persönlichen Lebenserfahrungen und der notvollen Geschichte unseres Planeten haben wir gelernt,

- dass mit Gesetzen, Verordnungen und Konventionen allein eine bessere Weltordnung nicht geschaffen oder gar erzwungen werden kann;
- dass die Verwirklichung von Frieden, Gerechtigkeit und Bewahrung der Erde abhängt von der Einsicht und Bereitschaft der Menschen, dem Recht Geltung zu verschaffen;
- dass der Einsatz für Recht und Freiheit ein Bewusstsein für Verantwortung und Pflichten voraussetzt und deshalb Kopf

und Herz der Menschen angesprochen werden müssen;

• dass das Recht ohne Sittlichkeit auf Dauer keinen Bestand hat und dass es deshalb *keine neue Weltordnung geben wird ohne ein Weltethos.*

Mit *Weltethos* meinen wir keine neue Weltideologie, auch *keine einheitliche Weltreligion* jenseits aller bestehenden Religionen, erst recht nicht die Herrschaft einer Religion über alle anderen. Mit Weltethos meinen wir einen *Grundkonsens bezüglich bestehender verbindender Werte, unverrückbarer Maßstäbe und persönlicher Grundhaltungen.* Ohne einen Grundkonsens im Ethos droht jeder Gemeinschaft früher oder später das Chaos oder eine Diktatur, und einzelne Menschen werden verzweifeln.

II. Grundforderung: Jeder Mensch muss menschlich behandelt werden

Wir sind allesamt fehlbare, unvollkommene Menschen mit Grenzen und Mängeln. Wir wissen um die Wirklichkeit des Bösen. Gerade deshalb aber fühlen wir uns um des Wohles der Menschheit willen verpflichtet, das auszusprechen, was Grundelemente eines gemeinsamen Ethos für die Menschheit sein sollten – für die Einzelnen ebenso wie für die Gemeinschaften und Organisationen, für die Staaten ebenso wie für die Religionen selbst. Denn wir vertrauen darauf: Unsere oft schon jahrtausendealten religiösen und ethischen Traditionen enthalten genügend Elemente eines *Ethos*, die *für alle Menschen guten Willens*, religiöse und nichtreligiöse, einsichtig und lebbar sind.

Dabei ist uns bewusst: Unsere verschiedenen religiösen und ethischen Traditionen begründen in oft sehr verschiedener Weise, was dem Menschen nützt oder schadet, was recht oder was unrecht, was gut oder was böse ist. Die tiefgreifenden Unterschiede zwischen den einzelnen Religionen wollen wir nicht verwischen oder ignorieren. Aber sie sollen uns nicht hindern, öffentlich zu proklamieren, *was uns bereits jetzt gemeinsam ist* und wozu wir uns aufgrund unserer je eigenen religiösen oder ethischen Grundlagen schon jetzt gemeinsam verpflichtet fühlen.

Uns ist bewusst: Religionen können die ökologischen, wirtschaftlichen, politischen und sozialen Probleme dieser Erde nicht lösen. Wohl aber können sie das erreichen, was allein mit ökonomischen Plänen, politischen Programmen oder juristischen Regelungen offensichtlich nicht erreichbar ist: die innere Einstellung, die ganze Mentalität, eben *das »Herz« des Menschen zu verändern* und ihn zu einer »Umkehr« von einem falschen Weg zu einer neuen Lebenseinstellung zu bewegen. Die Menschheit bedarf der sozialen und ökologischen Reformen, gewiss, aber nicht weniger bedarf sie der *spirituellen Erneuerung.* Wir als religiös oder spirituell orientierte Menschen wollen uns besonders dazu verpflichten – im Bewusstsein, dass es gerade die spirituellen Kräfte der Religionen sein können, die Menschen für ihr Leben ein Grundvertrauen, einen Sinnhorizont, letzte Maßstäbe und eine geistige Heimat vermitteln. Dies freilich können Religionen nur dann glaubwürdig tun, wenn sie selbst jene Konflikte beseitigen, deren Quelle sie selber sind, wenn sie wechselseitig Überheblichkeit, Misstrauen, Vorurteile, ja Feindbilder abbauen und den Traditionen, Heiligtümern, Festen und Riten der jeweils Andersgläubigen Respekt entgegenbringen.

Wir alle wissen: Nach wie vor werden überall auf der Welt *Menschen unmenschlich behandelt.* Sie werden ihrer Lebenschancen und ihrer Freiheit beraubt, ihre Menschenrechte werden mit Füßen getreten, ihre menschliche Würde wird missachtet. Aber Macht ist nicht gleich Recht! Angesichts aller Unmenschlichkeit fordern unsere religiösen und ethischen Überzeugungen: *Jeder Mensch muss menschlich behandelt werden!*

Das heißt: Jeder Mensch – ohne Unterschied von Alter, Geschlecht, Rasse, Hautfarbe, körperlicher oder geistiger Fähigkeit, Sprache, Religion, politischer Anschauung, nationaler oder sozialer Herkunft – besitzt eine unveräußerliche und *unantastbare Würde.* Alle, der Einzelne wie der Staat, sind deshalb verpflichtet, diese Würde zu achten und ihnen wirksamen Schutz zu garantieren. Auch in Wirtschaft, Politik und Medien, in Forschungsinstituten und Industrieunternehmungen soll der Mensch immer Rechtssubjekt und Ziel sein, nie bloßes Mittel, nie Objekt der Kommerzialisierung und der Industrialisierung. Niemand steht »jenseits von Gut und Böse«: kein Mensch und keine soziale Schicht, keine einflussreiche Interessengruppe und kein Machtkartell, kein Polizeiapparat, keine Armee und auch kein Staat. Im Gegenteil: Als ein mit Vernunft und Gewissen ausgestattetes Wesen ist jeder Mensch dazu verpflichtet, sich wahrhaft menschlich und nicht unmenschlich zu verhalten, *Gutes zu tun und Böses zu lassen!*

Was dies konkret heißt, will unsere Erklärung verdeutlichen. Wir wollen im Blick auf eine neue Weltordnung unverrückbare, unbedingte ethische Normen in Erinnerung rufen. Sie sollen für den Menschen nicht Fesseln und Ketten sein, sondern Hilfen und Stützen, um Lebensrichtung und Lebenswerte, Lebenshaltungen und Lebenssinn immer wieder neu zu finden und zu verwirklichen.

Es gibt ein Prinzip, die *Goldene Regel*, die seit Jahrtausenden in vielen religiösen und ethischen Traditionen der Menschheit zu finden ist und sich bewährt hat: *Was du nicht willst, das man dir tut, das füg auch keinem anderen zu.* Oder positiv: *Was du willst, das man dir tut, das tue auch den anderen!* Dies sollte die unverrückbare, unbedingte Norm für alle Lebensbereiche sein, für Familie und Gemeinschaften, für Rassen, Nationen und Religionen.

Egoismen jeder Art – jede Selbstsucht, sie sei individuell oder kollektiv, sie trete auf in Form von Klassendenken, Rassismus, Nationalismus oder Sexismus – sind verwerflich. Wir verurteilen sie, weil sie den Menschen daran hindern, wahrhaft Mensch zu sein. Selbstbestimmung und Selbstverwirklichung sind durchaus legitim – solange sie nicht von der Selbstverantwortung und Weltverantwortung des Menschen, von der Verantwortung für die Mitmenschen und den Planeten Erde losgelöst sind.

Dieses Prinzip schließt ganz konkrete Maßstäbe ein, an die wir Menschen uns halten sollen. Aus ihm ergeben sich *vier umfassende uralte Richtlinien*, die sich in den meisten Religionen dieser Welt finden.

III. Vier unverrückbare Weisungen

1. Verpflichtung auf eine Kultur der Gewaltlosigkeit und der Ehrfurcht vor allem Leben

Ungezählte Menschen bemühen sich in allen Regionen und Religionen um ein Leben, das nicht von Egoismus bestimmt ist, sondern vom Einsatz für die Mitmenschen und die Mitwelt. Und doch gibt es in der Welt von heute unendlich viel Hass, Neid, Eifersucht und Gewalt: nicht nur zwischen den einzelnen Menschen, sondern auch zwischen sozialen und ethnischen Gruppen, zwischen Klassen und Rassen, Nationen und Religionen. Gewaltanwendung, der Drogenhandel und das organisierte Verbrechen, ausgestattet oft mit neuesten technischen Möglichkeiten, haben globale Ausmaße erreicht. Vielerorts wird noch mit Terror »von oben« regiert; Diktatoren vergewaltigen ihre eigenen Völker, und institutionelle Gewalt ist weit verbreitet. Selbst in manchen Ländern, wo es Gesetze zum Schutz individueller Freiheiten gibt, werden Gefangene gefoltert, Menschen verstümmelt, Geiseln getötet.

A. Aus den großen alten religiösen und ethischen Traditionen der Menschheit aber vernehmen wir die Weisung: *Du sollst nicht töten!* Oder positiv: *Hab Ehrfurcht vor dem Leben!* Besinnen wir uns also neu auf die Konsequenzen dieser uralten Weisung: Jeder Mensch hat das Recht auf Leben, körperliche Unversehrtheit und freie Entfaltung der Persönlichkeit, soweit er nicht die Rechte anderer verletzt. Kein Mensch hat das Recht, einen anderen Menschen physisch oder psychisch zu quälen, zu verletzen, gar zu töten. Und kein Volk, kein Staat, keine Rasse, keine Religion hat das Recht, eine andersartige oder andersgläubige Minderheit zu diskriminieren, zu »säubern«, zu exilieren, gar zu liquidieren.

B. Gewiss, wo es Menschen gibt, wird es Konflikte geben. Solche Konflikte aber sollten grundsätzlich ohne Gewalt im Rahmen einer Rechtsordnung gelöst werden. Das gilt für den Einzelnen wie für die Staaten. Gerade die politischen Machthaber sind aufgefordert, sich an die Rechtsordnung zu halten und sich für möglichst gewaltlose, friedliche Lösungen einzusetzen. Sie sollten sich engagieren für eine internationale Friedensordnung, die ihrerseits des Schutzes und der Verteidigung gegen Gewalttäter bedarf. Aufrüstung ist ein Irrweg, Abrüstung ein Gebot der Stunde. Niemand täusche sich: Es gibt kein Überleben der Menschheit ohne Weltfrieden!

C. Deshalb sollten schon junge Menschen in Familie und Schule lernen, dass Gewalt kein Mittel der Auseinandersetzung mit anderen sein darf. Nur so kann eine *Kultur der Ge-waltlosigkeit* geschaffen werden.

D. Die menschliche Person ist unendlich kostbar und unbedingt zu schützen. Aber auch das *Leben der Tiere und Pflanzen*, die mit uns diesen Planeten bewohnen, verdient Schutz, Schonung und Pflege. Hemmungslose Ausbeutung der natürlichen Lebensgrundlagen, rücksichtslose Zerstörung der Biosphäre, Militarisierung des Kosmos sind ein Frevel. Als Menschen haben wir – gerade auch im Blick auf künftige Generationen – eine besondere Verantwortung für den Planeten Erde und den Kosmos, für Luft, Wasser und Boden. Wir *alle* sind in diesem Kosmos *miteinander verflochten* und voneinander abhängig. Jeder von uns hängt ab vom Wohl des Ganzen. Deshalb gilt: Nicht die Herrschaft des Menschen über Natur und Kosmos ist zu propagieren, sondern die Gemeinschaft mit Natur und Kosmos zu kultivieren.

E. Wahrhaft Mensch sein heißt im Geist unserer großen religiösen und ethischen Traditionen, schonungsvoll und hilfsbereit zu sein, und zwar im privaten wie im öffentlichen Leben. Niemals sollten wir rücksichtslos und brutal sein. Jedes Volk soll dem anderen, jede Rasse soll der anderen, jede Religion soll der anderen Toleranz, Respekt, gar Hochschätzung entgegenbringen. Minderheiten – sie seien rassischer, ethnischer oder religiöser Art – bedürfen unseres Schutzes und unserer Förderung.

2. Verpflichtung auf eine Kultur der Solidarität und eine gerechte Wirtschaftsordnung

Ungezählte Menschen bemühen sich in allen Regionen und Religionen um Solidarität füreinander und um ein Leben in Arbeit und treuer Berufserfüllung. Und doch gibt es in der Welt von heute unendlich viel Hunger, Armut und Not. Schuld daran trägt nicht bloß der Einzelne. Schuld daran sind oft auch ungerechte gesellschaftliche Strukturen: Millionen von Menschen sind ohne Arbeit, Millionen werden durch schlecht bezahlte Arbeit ausgebeutet, an den Rand der Gesellschaft gedrängt und um ihre Lebenschancen gebracht. Ungeheuer sind in vielen Ländern die Unterschiede zwischen Armen und Reichen, zwischen Mächtigen und Ohnmächtigen. In einer Welt, in welcher sowohl ein ungezügelter Kapitalismus als auch ein totalitärer Staatssozialismus viele ethische und spirituelle Werte ausgehöhlt und zerstört hat, konnten sich Profitgier ohne Grenzen und Raffgier ohne Hemmungen ausbreiten, aber auch ein materialistisches Anspruchsdenken, welches ständig mehr vom Staat fordert, ohne sich selber zu mehr zu verpflichten. Nicht nur in den Entwicklungsländern, auch in den Industrieländern hat sich die Korruption zu einem Krebsübel der Gesellschaft entwickelt.

A. Aus den großen alten religiösen und ethischen Traditionen der Menschheit aber vernehmen wir die Weisung: *Du sollst nicht stehlen!* Oder positiv: *Handle gerecht und fair!* Besinnen wir uns also wieder neu auf die Konsequenzen dieser uralten Weisung: Kein Mensch hat das Recht, einen anderen Menschen – in welcher Form auch immer – zu bestehlen oder sich an dessen Eigentum oder am Gemeinschaftseigentum zu vergreifen. Umgekehrt aber hat auch kein Mensch das Recht, sein Eigentum ohne Rücksicht auf die Bedürfnisse der Gesellschaft und der Erde zu gebrauchen.

B. Wo äußerste Armut herrscht, da machen sich Hilflosigkeit und Verzweiflung breit, da wird um des Überlebens willen auch immer wieder gestohlen werden. Wo Macht und Reichtum rücksichtslos angehäuft werden, da werden bei den Benachteiligten und Marginalisierten unvermeidlich Gefühle des Neides, des Ressentiments, ja des tödlichen Hasses und der Rebellion geweckt. Dies aber führt zu einem Teufelskreis von Gewalt und Gegengewalt. Niemand täusche sich: Es gibt keinen Weltfrieden ohne Weltgerechtigkeit!

C. Deshalb sollten schon junge Menschen in Familie und Schule lernen, dass Eigentum, es sei noch so wenig, verpflichtet. Sein Gebrauch soll zugleich dem Wohl der Allgemeinheit dienen. Nur so kann eine *gerechte Wirtschaftsordnung* aufgebaut werden.

D. Doch wenn sich die Lage der ärmsten Milliarde Menschen auf diesem Planeten, darunter besonders die der Frauen und Kinder, entscheidend verändern soll, so müssen die Strukturen der Weltwirtschaft gerechter gestaltet werden. Individuelle Wohltätigkeit und einzelne Hilfsprojekte, so unverzichtbar sie sind, reichen nicht aus. Es braucht die Partizipation aller Staaten und die Autorität der internationalen Organisationen, um zu einem gerechten Ausgleich zu kommen.

Die Schuldenkrise und die Armut der sich auflösenden Zweiten und erst recht der Dritten Welt müssen einer für alle Seiten tragbaren Lösung entgegengeführt werden. Gewiss: Interessenkonflikte sind auch künftig unvermeidlich. In den entwickelten Ländern ist jedenfalls zu unterscheiden zwischen einem notwendigen und einem hemmungslosen Konsum, zwischen einem sozialen und einem unsozialen Gebrauch des Eigentums, zwischen einer gerechtfertigten und einer ungerechtfertigten Nutzung der natürlichen Ressourcen, zwischen einer rein kapitalistischen und einer sozial wie ökologisch orientierten Marktwirtschaft. Auch die Entwicklungsländer bedürfen der nationalen Gewissenserforschung.

Überall gilt: Wo die Herrschenden die Beherrschten, die Institutionen die Personen, die Macht das Recht erdrücken, ist Widerstand – wo immer möglich gewaltlos – angebracht.

E. Wahrhaft menschlich sein heißt im Geist unserer großen religiösen und ethischen Traditionen das Folgende:

- Statt die wirtschaftliche und politische Macht in rücksichtslosem Kampf zur Herrschaft zu missbrauchen, ist sie zum *Dienst an den Menschen* zu gebrauchen. Wir müssen einen Geist des Mitleids mit den Leidenden entwickeln und besondere Sorge tragen für die Armen, Behinderten, Alten, Flüchtlinge, Einsamen.
- Statt eines puren Machtdenkens und einer hemmungslosen Machtpolitik sollen im unvermeidlichen Wettbewerb der *gegenseitige Respekt*, der vernünftige Interessenausgleich, der Wille zur Vermittlung und zur Rücksichtnahme herrschen.
- Statt einer unstillbaren Gier nach Geld, Prestige und Konsum ist wieder neu der *Sinn für Maß und Bescheidenheit* zu finden! Denn der Mensch der Gier verliert seine »Seele«, seine Freiheit, seine Gelassenheit, seinen inneren Frieden und somit das, was ihn zum Menschen macht.

3. Verpflichtung auf eine Kultur der Toleranz und ein Leben in Wahrhaftigkeit

Ungezählte Menschen in allen Regionen und Religionen bemühen sich auch in unserer Zeit um ein Leben in Ehrlichkeit und Wahrhaftigkeit. Und doch gibt es in der Welt von heute unendlich viel Lug und Trug, Schwindel und Heuchelei, Ideologie und Demagogie:

- Politiker und Geschäftsleute, welche die Lüge als Mittel der Politik und des Erfolges benützen;
- Massenmedien, die statt wahrhaftiger Berichterstattung ideologische Propaganda, die statt Information Desinfor-

mation verbreiten, die statt der Wahrheitstreue ein zynisches Verkaufsinteresse verfolgen;

- Wissenschaftler und Forscher, die sich moralisch fragwürdigen ideologischen oder politischen Programmen oder auch wirtschaftlichen Interessengruppen ausliefern sowie Forschungen rechtfertigen, welche die sittlichen Grundwerte verletzen;
- Repräsentanten von Religionen, die Menschen anderer Religionen als minderwertig abqualifizieren und die Fanatismus und Intoleranz statt Respekt, Verständigung und Toleranz verkünden.

A. Aus den großen alten religiösen und ethischen Traditionen der Menschheit aber vernehmen wir die Weisung: *Du sollst nicht lügen!* Oder positiv: *Rede und handle wahrhaftig!* Besinnen wir uns also wieder neu auf die Konsequenzen dieser uralten Weisung: Kein Mensch und keine Institution, kein Staat und auch keine Kirche oder Religionsgemeinschaft haben das Recht, den Menschen die Unwahrheit zu sagen.

B. Dies gilt besonders:

- Für die *Massenmedien*, denen zu Recht die Freiheit der Berichterstattung zur Wahrheitsfindung garantiert ist und denen damit in jeder Gesellschaft ein Wächteramt zukommt: Sie stehen nicht über der Moral, sondern bleiben in Sachlichkeit und Fairness der Menschenwürde, den Menschenrechten und den Grundwerten verpflichtet. Sie haben kein Recht auf Verletzung der Privatsphäre von Menschen, auf Verzerrung der Wirklichkeit und auf Manipulation der öffentlichen Meinung.
- Für *Kunst, Literatur und Wissenschaft*, denen zu Recht künstlerische und akademische Freiheit garantiert sind: Sie sind nicht entbunden von allgemeinen ethischen Maßstäben, sondern sollen der Wahrheit dienen.
- Für die *Politiker und die politischen Parteien*: Wenn sie

ihr Volk ins Angesicht belügen, wenn sie sich der Manipulation von Wahrheit, der Bestechlichkeit oder einer rücksichtslosen Machtpolitik im Inneren wie im Äußeren schuldig machen, haben sie ihre Glaubwürdigkeit verspielt und verdienen den Verlust ihrer Ämter und ihrer Wähler. Umgekehrt sollte die öffentliche Meinung diejenigen Politiker unterstützen, die es wagen, dem Volk jederzeit die Wahrheit zu sagen.

- Für die *Repräsentanten von Religionen* schließlich: Wenn sie Vorurteile, Hass und Feindschaft gegenüber Andersgläubigen schüren, wenn sie Fanatismus predigen oder gar Glaubenskriege initiieren oder legitimieren, verdienen sie die Verurteilung der Menschen und den Verlust ihrer Gefolgschaft.

Niemand täusche sich: Es gibt keine Weltgerechtigkeit ohne Wahrhaftigkeit und Menschlichkeit!

C. Deshalb sollten schon junge Menschen in Familie und Schule lernen, *Wahrhaftigkeit* in Denken, Reden und Tun einzuüben. Jeder Mensch hat ein Recht auf Wahrheit und Wahrhaftigkeit. Er hat das Recht auf die notwendige Information und Bildung, um die für sein Leben grundlegenden Entscheidungen treffen zu können. Ohne eine ethische Grundorientierung freilich vermag er kaum das Wichtige vom Unwichtigen zu unterscheiden. Bei der heutigen täglichen Flut von Informationen sind ethische Maßstäbe eine Hilfe, wenn Tatsachen verdreht, Interessen verschleiert, Tendenzen hofiert und Meinungen verabsolutiert werden.

D. Wahrhaft Mensch sein heißt im Geist unserer großen religiösen und ethischen Traditionen das Folgende:

- Statt Freiheit mit Willkür und Pluralismus mit Beliebigkeit zu verwechseln, der *Wahrheit Geltung zu verschaffen*;
- statt in Unehrlichkeit, Verstellung und opportunistischer Anpassung zu leben, den *Geist der Wahrhaftigkeit* auch

in den alltäglichen Beziehungen zwischen Mensch und Mensch zu pflegen;

- statt ideologische oder parteiische Halbwahrheiten zu verbreiten, in unbestechlicher Wahrhaftigkeit die *Wahrheit immer neu zu suchen*;
- statt einem Opportunismus zu huldigen, in *Verlässlichkeit* und *Stetigkeit* der einmal erkannten *Wahrheit zu dienen*.

4. Verpflichtung auf eine Kultur der Gleichberechtigung und die Partnerschaft von Mann und Frau

Ungezählte Menschen bemühen sich in allen Regionen und Religionen um ein Leben im Geiste der Partnerschaft von Mann und Frau, um ein verantwortliches Handeln im Bereich von Liebe, Sexualität und Familie. Dennoch gibt es überall auf der Welt verdammenswerte Formen des Patriarchalismus, der Vorherrschaft des einen Geschlechtes über das andere, der Ausbeutung von Frauen, des sexuellen Missbrauchs von Kindern sowie der erzwungenen Prostitution. Die sozialen Unterschiede auf dieser Erde führen nicht selten dazu, dass insbesondere Frauen und sogar Kinder aus den weniger entwickelten Ländern sich gezwungen sehen, Prostitution als Mittel des Überlebenskampfes einzusetzen.

A. Aus den großen alten religiösen und ethischen Traditionen der Menschheit aber vernehmen wir die Weisung: *Du sollst nicht Unzucht treiben!* Oder positiv: *Achtet und liebet einander!* Besinnen wir uns also wieder neu auf die Konsequenzen dieser uralten Weisung: Kein Mensch hat das Recht, einen anderen zum bloßen Objekt seiner Sexualität zu erniedrigen, ihn in sexuelle Abhängigkeit zu bringen oder zu halten.

B. Wir verurteilen sexuelle Ausbeutung und Geschlechterdiskriminierung als eine der schlimmsten Formen der Entwürdigung des Menschen. Wo immer – gar im Namen einer religiösen Überzeugung – die Herrschaft eines Geschlechts über das andere gepredigt und sexuelle Ausbeutung toleriert, wo immer Prostitution gefördert oder Kinder missbraucht werden, da ist Widerstand geboten. Niemand täusche sich: Es gibt keine wahre Menschlichkeit ohne partnerschaftliches Zusammenleben!

C. Deshalb sollten schon junge Menschen in Familie und Schule lernen, dass Sexualität grundsätzlich keine negativ-zerstörende oder ausbeuterische, sondern eine schöpferisch-gestaltende Kraft ist. Sie hat die Funktion einer lebensbejahenden Gemeinschaftsbildung und kann sich nur entfalten, wenn sie in Verantwortung für das Glück auch des Partners gelebt wird.

D. Die Beziehung zwischen Mann und Frau sollte nicht durch Bevormundung oder Ausbeutung bestimmt sein, sondern durch Liebe, Partnerschaftlichkeit und Verlässlichkeit. Menschliche Erfüllung ist nicht mit sexueller Lust identisch. Sexualität soll Ausdruck und Bestätigung einer partnerschaftlich gelebten Liebesbeziehung sein.

Manche religiöse Traditionen kennen auch das Ideal des freiwilligen Verzichts auf die Entfaltung der Sexualität. Auch freiwilliger Verzicht kann Ausdruck von Identität und Sinnerfüllung sein.

E. Die gesellschaftliche Institution Ehe ist bei allen kulturellen und religiösen Verschiedenheiten durch Liebe, Treue und Dauerhaftigkeit gekennzeichnet. Sie will und soll Männern, Frauen und Kindern Geborgenheit und gegenseitige Unterstützung garantieren sowie ihre Rechte sichern. In allen Ländern und Kulturen soll auf ökonomische und gesellschaftliche Verhältnisse hingearbeitet werden, die eine menschenwürdige Existenz von Ehe und Familie und vor allem auch der alten Menschen ermöglichen. Kinder haben ein

Recht auf Bildung. Weder sollen die Eltern die Kinder noch die Kinder die Eltern ausnützen; ihr Verhältnis soll vielmehr von gegenseitiger Achtung, Anerkennung und Fürsorge getragen sein.

F. Wahrhaft Mensch sein heißt im Geiste unserer großen religiösen und ethischen Traditionen das Folgende:

- statt patriarchaler Beherrschung oder Entwürdigung, die Ausdruck von Gewalt sind und oft Gegengewalt erzeugen, gegenseitige Achtung, Verständnis, *Partnerschaftlichkeit*;
- statt jeglicher Form von sexueller Besitzgier oder sexuellem Missbrauch gegenseitige Rücksicht, Toleranz, Versöhnungsbereitschaft, *Liebe*.

Auf der Ebene der Nationen und Religionen kann nur praktiziert werden, was auf der Ebene der persönlichen und familiären Beziehungen bereits gelebt wird.

IV. Wandel des Bewusstseins

Alle geschichtlichen Erfahrungen zeigen es: Unsere Erde kann nicht verändert werden, ohne dass ein Wandel des Bewusstseins beim Einzelnen und der Öffentlichkeit erreicht wird. Dies hat sich in Fragen wie Krieg und Frieden, Ökonomie oder Ökologie bereits gezeigt, wo in den letzten Jahrzehnten grundlegende Veränderungen erreicht wurden. Diese müssen auch im Hinblick auf das Ethos erreicht werden! Jeder Einzelne hat nicht nur eine unverletzliche Würde und unveräußerliche Rechte; er hat auch eine unabweisbare Verantwortung für das, was er tut und nicht tut. Alle unsere Entscheidungen und Taten, auch unser Versagen und Scheitern haben Konsequenzen.

Diese Verantwortung wachzuhalten, zu vertiefen und an künftige Generationen weiterzugeben ist die besondere Aufgabe der Religionen. Dabei bleiben wir realistisch in Bezug auf das in diesem Konsens Erreichte und dringen darauf, das Folgende zu beachten:

1. Ein universaler Konsens für *viele umstrittene ethische Einzelfragen* (von der Bio- und Sexualethik über die Medien- und Wissenschaftsethik bis zur Wirtschafts- und Staatsethik) ist schwierig. Doch im Geist der hier entwickelten gemeinsamen Grundsätze sollten sich auch für viele bisher umstrittene Fragen sachgerechte Lösungen finden lassen.

2. In vielen Lebensbereichen ist bereits ein neues Bewusstsein für ethische Verantwortung erwacht. Wir begrüßen es deshalb, wenn für möglichst viele *Berufsklassen* wie zum Beispiel Ärzte, Wissenschaftler, Geschäftsleute, Journalisten, Politiker zeitgemäße *Ethikcodes* ausgearbeitet werden, die konkretere Richtlinien bieten für die brisanten Fragen ihres jeweiligen Berufsstandes.

3. Vor allem drängen wir die *einzelnen Glaubensgemeinschaften*, ihr ganz *spezifisches Ethos* zu formulieren: Was hat jede Glaubenstradition zu sagen etwa über den Sinn von Leben und Sterben, über das Durchstehen von Leid und die Vergebung von Schuld, über die selbstlose Hingabe und die Notwendigkeit von Verzicht, über Mitleid und Freude. Dies alles wird das schon jetzt erkennbare Weltethos vertiefen, spezifizieren und konkretisieren.

Zum Schluss appellieren wir an alle Bewohner dieses Planeten: Unsere Erde kann nicht zum Besseren verändert werden, ohne dass das Bewusstsein des Einzelnen geändert wird. Wir plädieren für einen individuellen und kollektiven Bewusstseinswandel, für ein Erwecken unserer spirituellen Kräfte durch Reflexion, Meditation, Gebet und positives Denken, für eine *Umkehr der Herzen*. Gemeinsam können wir Berge versetzen! Ohne Risiko und Opferbereitschaft gibt es keine grundlegende Veränderung unserer Situation!

Deshalb verpflichten wir uns auf ein gemeinsames Weltethos: auf ein besseres gegenseitiges Verstehen sowie auf
sozialverträgliche, friedensfördernde und naturfreundliche
Lebensformen.

*Wir laden alle Menschen, ob religiös oder nicht, ein, dasselbe
zu tun!*

*Diese Erklärung wurde von rund 200 Delegierten des Par-
laments der Weltreligionen unterzeichnet. Darunter waren so
bedeutende Persönlichkeiten wie der Dalai Lama und der Kardinal von Chicago, der Vertreter des Weltkirchenrates und ein
Präsident des Lutherischen Weltbundes, der Generalsekretär
der Weltkonferenz der Religionen für den Frieden und der Ge-
neraladministrator der internationalen Bahai-Gemeinschaft,
das geistliche Oberhaupt der Sikhs in Amritsar und der Patriarch des kambodschanischen Buddhismus, ein bedeutender
Rabbiner und eine führende muslimische Feministin und andere.*

2. Vorschlag des InterAction Councils früherer Staats- und Regierungschefs für eine Allgemeine Erklärung der menschlichen Verantwortlichkeiten (1997)

Präambel

Da die Anerkennung der allen Mitgliedern der menschlichen Familie innewohnenden Würde und der gleichen und unveräußerlichen Rechte die Grundlage für Freiheit, Gerechtigkeit und Frieden in der Welt ist und Pflichten oder Verantwortlichkeiten (»responsibilities«) einschließt,

da das exklusive Bestehen auf Rechten Konflikt, Spaltung und endlosen Streit zur Folge hat und die Vernachlässigung der Menschenpflichten zu Gesetzlosigkeit und Chaos führen kann,

da die Herrschaft des Rechts und die Förderung der Menschenrechte abhängen von der Bereitschaft von Männern wie Frauen, gerecht zu handeln,

da globale Probleme globale Lösungen verlangen, was nur erreicht werden kann durch von allen Kulturen und Gesellschaften beachtete Ideen, Werte und Normen,

da alle Menschen nach bestem Wissen und Vermögen eine Verantwortung haben, sowohl vor Ort als auch global eine bessere Gesellschaftsordnung zu fördern – ein Ziel, das mit Gesetzen, Vorschriften und Konventionen allein nicht erreicht werden kann,

da menschliche Bestrebungen für Fortschritt und Verbesserung nur verwirklicht werden können durch übereinstimmende Werte und Maßstäbe, die jederzeit für alle Menschen und Institutionen gelten,

deshalb verkündet die Generalversammlung
der Vereinten Nationen

diese Allgemeine Erklärung der Menschenpflichten. Sie soll ein gemeinsamer Maßstab sein für alle Völker und Nationen, mit dem Ziel, dass jedes Individuum und jede gesellschaftliche Einrichtung, dieser Erklärung stets eingedenk, zum Fortschritt der Gemeinschaften und zur Aufklärung all ihrer Mitglieder beitragen mögen. Wir, die Völker der Erde, erneuern und verstärken hiermit die schon durch Allgemeine Erklärung der Menschenrechte proklamierten Verpflichtungen: die volle Akzeptanz der Würde aller Menschen, ihrer unveräußerlichen Freiheit und Gleichheit und ihrer Solidarität untereinander. Bewusstsein und Akzeptanz dieser Pflichten sollen in der ganzen Welt gelehrt und gefördert werden.

Fundamentale Prinzipien für Humanität

Artikel 1
Jede Person, gleich welchen Geschlechts, welcher ethnischen Herkunft, welchen sozialen Status, welcher politischen Überzeugung, welcher Sprache, welchen Alters, welcher Nationalität oder Religion, *hat die Pflicht, alle Menschen menschlich zu behandeln.*

Artikel 2
Keine Person soll unmenschliches Verhalten, welcher Art auch immer, unterstützen, vielmehr haben alle Menschen die Pflicht, sich für die Würde und die Selbstachtung aller anderen Menschen einzusetzen.

Artikel 3
Keine Person, keine Gruppe oder Organisation, kein Staat, keine Armee oder Polizei steht jenseits von Gut und Böse; sie alle unterstehen moralischen Maßstäben. Jeder Mensch

hat die Pflicht, unter allen Umständen Gutes zu fördern und Böses zu meiden.

Artikel 4
Alle Menschen, begabt mit Vernunft und Gewissen, müssen im Geist der Solidarität Verantwortung übernehmen gegenüber jedem und allen, Familien und Gemeinschaften, Rassen, Nationen und Religionen: *Was du nicht willst, dass man dir tut, das füg' auch keinem anderen zu.*

Gewaltlosigkeit und Achtung vor dem Leben

Artikel 5
Jede Person hat die Pflicht, *Leben zu achten.* Niemand hat das Recht, eine andere menschliche Person zu verletzen, zu foltern oder zu töten. Dies schließt das Recht auf gerechtfertigte Selbstverteidigung von Individuen und Gemeinschaften nicht aus.

Artikel 6
Streitigkeiten zwischen Staaten, Gruppen oder Individuen sollen ohne Gewalt ausgetragen werden. Keine Regierung darf Akte des Völkermords oder des Terrorismus tolerieren oder sich daran beteiligen, noch darf sie Frauen, Kinder oder irgendwelche andere zivile Personen als Mittel zur Kriegsführung missbrauchen. Jeder Bürger und öffentliche Verantwortungsträger hat die Pflicht, auf friedliche, gewaltfreie Weise zu handeln.

Artikel 7
Jede Person ist unendlich kostbar und muss unbedingt geschützt werden. Schutz verlangen auch die Tiere und die natürliche Umwelt. Alle Menschen haben die Pflicht, Luft,

Wasser und Boden um der gegenwärtigen Bewohner und der zukünftigen Generationen willen zu schützen.

Gerechtigkeit und Solidarität

Artikel 8
Jede Person hat die Pflicht, sich *integer, ehrlich und fair* zu verhalten. Keine Person oder Gruppe soll irgendeine andere Person oder Gruppe ihres Besitzes berauben oder ihn willkürlich wegnehmen.

Artikel 9
Alle Menschen, denen die notwendigen Mittel gegeben sind, haben die Pflicht, ernsthafte Anstrengungen zu unternehmen, um Armut, Unterernährung, Unwissenheit und Ungleichheit zu überwinden. Sie sollen überall auf der Welt eine nachhaltige Entwicklung fördern, um für alle Menschen Würde, Freiheit, Sicherheit und Gerechtigkeit zu gewährleisten.

Artikel 10
Alle Menschen haben die Pflicht, ihre Fähigkeiten durch Fleiß und Anstrengung zu entwickeln; sie sollen gleichen Zugang zu Ausbildung und sinnvoller Arbeit haben. Jeder soll den Bedürftigen, Benachteiligten, Behinderten und den Opfern von Diskriminierung Unterstützung zukommen lassen.

Artikel 11
Alles Eigentum und aller Reichtum müssen in Übereinstimmung mit der Gerechtigkeit und zum Fortschritt der Menschheit verantwortungsvoll verwendet werden. Wirtschaftliche und politische Macht darf nicht als Mittel zur Herrschaft eingesetzt werden, sondern im Dienst wirtschaftlicher Gerechtigkeit und sozialer Ordnung.

Wahrhaftigkeit und Toleranz

Artikel 12
Jeder Mensch hat die Pflicht, *wahrhaftig zu reden und zu handeln*. Niemand, wie hoch oder mächtig auch immer, darf lügen. Das Recht auf Privatsphäre und auf persönliche oder berufliche Vertraulichkeit muss respektiert werden. Niemand ist verpflichtet, die volle Wahrheit jedem zu jeder Zeit zu sagen.

Artikel 13
Keine Politiker, Beamte, Wirtschaftsführer, Wissenschaftler, Schriftsteller oder Künstler sind von allgemeinen ethischen Maßstäben entbunden, noch sind es Ärzte, Juristen und andere Berufe, die Klienten gegenüber besondere Pflichten haben. Berufsspezifische oder andersartige Ethikkodizes sollen den Vorrang allgemeiner Maßstäbe wie etwa Wahrhaftigkeit und Fairness widerspiegeln.

Artikel 14
Die Freiheit der Medien, die Öffentlichkeit zu informieren und gesellschaftliche Einrichtungen wie Regierungsmaßnahmen zu kritisieren – was für eine gerechte Gesellschaft wesentlich ist –, muss mit Verantwortung und Umsicht gebraucht werden. Die Freiheit der Medien bringt eine besondere Verantwortung für genaue und wahrheitsgemäße Berichterstattung mit sich. Sensationsberichte, welche die menschliche Person oder die Würde erniedrigen, müssen stets vermieden werden.

Artikel 15
Während Religionsfreiheit garantiert sein muss, haben die Repräsentanten der Religionen eine besondere Pflicht, Äußerungen von Vorurteilen und diskriminierende Handlungen

gegenüber Andersgläubigen zu vermeiden. Sie sollen Hass, Fanatismus oder Glaubenskriege weder anstiften noch legitimieren, vielmehr sollen sie Toleranz und gegenseitige Achtung unter allen Menschen fördern.

Gegenseitige Achtung und Partnerschaft

Artikel 16
Alle Männer und alle Frauen haben die Pflicht, einander *Achtung und Verständnis* in ihrer Partnerschaft zu *zeigen*. Niemand soll eine andere Person sexueller Ausbeutung oder Abhängigkeit unterwerfen. Vielmehr sollen Geschlechtspartner die Verantwortung für die Sorge um das Wohlergehen des anderen wahrnehmen.

Artikel 17
Die Ehe erfordert – bei allen kulturellen und religiösen Verschiedenheiten – Liebe, Treue und Vergebung, und sie soll zum Ziel haben, Sicherheit und gegenseitige Unterstützung zu garantieren.

Artikel 18
Vernünftige Familienplanung ist die Verantwortung eines jeden Paares. Die Beziehung zwischen Eltern und Kindern soll gegenseitige Liebe, Achtung, Wertschätzung und Sorge widerspiegeln. Weder Eltern noch andere Erwachsene sollen Kinder ausbeuten, missbrauchen oder misshandeln.

Schluss

Artikel 19
Keine Bestimmung dieser Erklärung darf so ausgelegt werden, dass sich daraus für den Staat, eine Gruppe oder eine

Person irgendein Recht ergibt, eine Tätigkeit auszuüben oder eine Handlung vorzunehmen, welche auf die Vernichtung der in dieser Erklärung und der Allgemeinen Erklärung der Menschenrechte von 1948 angeführten Pflichten, Rechte und Freiheiten abzielen.

Unterzeichner

Die vorgeschlagene »Allgemeine Erklärung der Menschenpflichten« wird von folgenden Personen bekräftigt:

I. Die Mitglieder des InterAction Council

Helmut Schmidt (Ehrenvorsitzender),
  Bundeskanzler der Bundesrepublik Deutschland a.D.
Malcolm Fraser (Vorsitzender),
  Premierminister von Australien a.D.
Andries A. M. van Agt,
  Premierminister der Niederlande a.D.
Anand Panyarachun,
  Premierminister von Thailand a.D.
Oscar Arias Sanchez,
  Präsident von Costa Rica a.D.
Lord Callaghan of Cardiff,
  Premierminister von Großbritannien a.D.
Jimmy Carter,
  Präsident der Vereinigten Staaten a.D.
Miguel de la Madrid Hurtado,
  Präsident von Mexiko a.D.
Kurt Furgler,
  Bundespräsident der Schweiz a.D.
Valéry Giscard d'Estaing,
  Staatspräsident von Frankreich a.D.

Felipe Gonzalez Marquez,
Premierminister von Spanien a.D.
Kenneth Kaunda,
Präsident von Zambia a.D.
Lee Kuan Yew,
Premierminister von Singapore a.D.
Kiichi Miyazawa,
Premierminister von Japan a.D.
Misael Pastrana Borrero,
Präsident von Kolumbien (verstorben)
Shimon Peres,
Premierminister von Israel a.D.
Maria de Lourdes Pintasilgo,
Premierministerin von Portugal a.D.
Jose Sarney,
Präsident von Brasilien a.D.
Shin Hyon Hwad,
Premierminister von Korea a.D.
Kalevi Sorsa,
Premierminister von Finnland a.D.
Pierre Elliott Trudeau,
Premierminister von Kanada a.D.
Ola Ullsten,
Premierminister von Schweden a.D.
George Vassiliou,
Präsident von Zypern a.D.
Franz Vranitzky,
Bundeskanzler von Österreich a.D.

II. Befürworter

Lester Brown, Präsident des Worldwatch Instituts
André Chouraqui, Professor in Israel

Takako Doi, Präsident der Sozialistisch-Demokratischen
   Partei in Japan
William Laughlin, Amerikanischer Unternehmer
Rabbi Dr. J. Magonet, Rektor des Leo Baeck College
Robert S. McNamara, Präsident der Weltbank a.D.
Konrad Raiser, Ökumenischer Rat der Kirchen
Paul Volcker, Vorsitzender, James D. Wolfensohn Inc.

III. Hochrangige Experten

(Vorbereitende Treffen in Wien, Österreich, im März 1996
und im April 1997 und Ehrengäste bei der 15. Plenarsitzung
in Noordwijk, Niederlande, im Juni 1997)
Hans Küng, Universität Tübingen. Akademischer Berater
   dieses Projekts
Thomas Axworthy, CRB Foundation, Montreal, Canada.
   Akademischer Berater dieses Projekts
Kim, Kyong-dong, Seoul National University. Akademischer
   Berater dieses Projekts
Kardinal Franz König, Wien, Österreich
Anna-Marie Aagaard, Ökumenischer Rat der Kirchen,
   Genf
M. Shanti Aram, Präsident der Weltkonferenz der Religionen
   für den Frieden, Mitglied des Indischen Parlaments
A. T. Ariyaratne, Präsident des Sarvodaya Movement von Sri
   Lanka
Julia Ching, Universität Toronto
Hassan Hanafi, Universität Kairo
Nagaharu Hayabusa, Asahi Shimbun, Tokio
Yersu Kim, Direktor der Abteilung für Philosophie und Ethik
   der UNESCO, Paris
Peter Landesmann, Mitglied der Europäischen Akademie der
   Wissenschaften, Salzburg

Lee, Seung-Yun, Vize-Premierminister und Minister der Wirtschaftsplanung a.D., Seoul, Korea

Flora Lewis, Journalistin der International Herald Tribune, Paris

Liu, Xiao-feng, Institute for Sino-Christian Studies, Hongkong

Teri McLuhan, kanadische Schriftstellerin

Isamu Miyazaki, vormaliger Staatsminister, Agentur für Wirtschaftsplanung, Tokio, Japan

James Ottley, Beobachter der Anglikanischen Kirche bei den Vereinten Nationen, New York

Richard Rorty, Stanford Humanities Center

L. M. Singvi, Hochkommissar von Indien, London

Seiken Sugiura, House of Representatives, Tokio, Japan

Koji Watanabe, vormaliger japanischer Botschafter in Moskau

Woo, Seong-Yong, Munhwa Ilbo, Seoul

Alexander Yakovlev, vormaliger Abgeordneter, Präsidentschaftsrat der Sowjetunion, Moskau

IV. Förderer

Shinyasu Hoshino, Präsident des Nationalen Instituts für Forschungsentwicklung

Ayako Sono, Vorsitzender, Nippon Stiftung

Kim, Woo-Joong, Vorsitzender, Dae-Woo Körperschaft

3. Manifest Globales Wirtschaftsethos. Konsequenzen für die Weltwirtschaft (2009)

Präambel

Die Globalisierung des wirtschaftlichen Handelns wird nur dann zum allgemeinen und nachhaltigen Wohlstand und Vorteil aller Völker und ihrer Volkswirtschaften führen, wenn sie auf die beständige Kooperationsbereitschaft und werteorientierte Kooperationsfähigkeit aller Beteiligten und Betroffenen bauen kann. Das ist eine der grundlegenden Lehren der weltweiten Krise der Finanz- und Gütermärkte.

Die Kooperation aller Beteiligten und Betroffenen wird nur dann verlässlich gelingen, wenn das Streben aller nach Realisierung des legitimen Eigeninteresses und nach gesellschaftlicher Wohlfahrt eingebettet ist in globale ethische Rahmenbedingungen, die allgemein als gerecht und fair akzeptiert werden. Eine solche Verständigung über global akzeptierte Normen wirtschaftlichen Handelns und Entscheidens, über ein Ethos der Wirtschaftens, existiert erst in ersten Anfängen.

Ein globales Wirtschaftsethos, also gemeinsame fundamentale Vorstellungen über Recht, Gerechtigkeit und Fairness, baut auf moralischen Prinzipien und Werten auf, die seit alters her von allen Kulturen geteilt und durch gemeinsame praktische Erfahrung getragen werden.

Wir alle in unseren Funktionen als Unternehmer, Investoren, Kreditgeber, Mitarbeiter, Konsumenten und unsere jeweiligen Interessensverbände in allen Ländern der Welt tragen gemeinsam mit politischen und staatlichen sowie internationalen Organisationen und Institutionen wesentliche Verantwortung für die Herausbildung und Umsetzung eines solchen globalen Wirtschaftsethos.

Aus diesen Gründen unterstützen die Unterzeichner diese

Erklärung zu einem Globalen Wirtschaftsethos.

In dieser Erklärung werden die grundlegenden Prinzipien und Werte einer globalen Wirtschaft deklariert, so wie sie sich aus der Erklärung des Parlaments der Weltreligionen zum Weltethos (Chicago 1993) ergeben. *Die in dieser Erklärung ausgesprochenen Prinzipien können von allen Menschen mit ethischen Überzeugungen, religiös begründet oder nicht, mitgetragen werden.* Die Unterzeichner verpflichten sich, sich von Buchstaben und Geist dieser Erklärung in ihrem alltäglichen wirtschaftlichen Entscheiden, Handeln und Verhalten leiten zu lassen und sie so mit Leben zu erfüllen. Diese Erklärung zu einem Globalen Wirtschaftsethos nimmt die Gesetzlichkeiten von Markt und Wettbewerb ernst, will diese aber zum Wohl aller auf eine ethische Grundlage stellen. Gerade die Erfahrungen in der Krise des Wirtschaftslebens unterstreichen die Notwendigkeit international akzeptierter ethischer Prinzipien und moralischer Standards, die im Geschäftsalltag mit Leben erfüllt werden können und müssen.

I. Das Prinzip der Humanität

Ethischer Bezugsrahmen: *Unterschiede zwischen den kulturellen Traditionen dürfen kein Hindernis sein, sich gemeinsam aktiv für den Respekt, den Schutz und die Erfüllung der Menschenrechte einzusetzen. Jeder Mensch – ohne Unterschied von Alter, Geschlecht, Rasse, Hautfarbe, körperlicher oder geistiger Fähigkeit, Sprache, Religion, politischer Anschauung, nationaler oder sozialer Herkunft – besitzt eine unveräußerliche und unantastbare Würde. Alle, der Einzelne wie der Staat, sind deshalb verpflichtet, diese Würde zu achten und ihren wirksamen Schutz zu garantieren. Auch in Wirtschaft, Politik und Medien, in Forschungsinstituten und Industrieunternehmen soll der Mensch immer Rechtssubjekt und Ziel sein, nie bloßes Mittel, nie Objekt der Kommerzialisierung und der Industrialisierung.*

Das Grundprinzip eines anzustrebenden Globalen Wirtschaftsethos ist Humanität. Sie soll ethischer Maßstab des wirtschaftlichen Handelns sein und konkretisiert sich in den folgenden Leitlinien für ein Wert schaffendes und an Werten orientiertes Wirtschaften zu allgemeinem Nutzen:

Artikel 1

Ethisches Ziel und zugleich gesellschaftliche Bedingung eines nachhaltigen ökonomischen Handelns ist es, für alle Menschen Rahmenbedingungen zu schaffen zur dauerhaften Deckung ihrer Grundbedürfnisse und für ein Leben in Würde. Daher ist bei wirtschaftlichen Entscheidungen als oberstes Gebot der Humanität darauf zu achten, dass sie die Herausbildung und Entwicklung derjenigen individuellen Ressourcen und Kompetenzen fördern, die notwendig sind für eine menschliche Entwicklung und ein gutes Miteinander.

Artikel 2

Humanität gedeiht nur in einer Kultur des Respekts vor dem Individuum. Die Würde und Selbstachtung aller Menschen, seien es nun Vorgesetzte, Mitarbeiter, Geschäftspartner, Kunden oder andere Interessensträger, sind unverletzlich. Sie dürfen weder durch individuelle Verhaltensweisen noch durch unwürdige Geschäfts- und Arbeitsbedingungen missachtet werden. Die Ausbeutung und Ausnutzung von Abhängigkeiten und die willkürliche Diskriminierung von Menschen sind unvereinbar mit dem Prinzip der Humanität.

Artikel 3

Gutes zu fördern und Böses zu meiden ist eine Menschenpflicht, die als moralischer Maßstab auch an wirtschaftliches Entscheiden und Handeln angelegt werden muss. Eigeninteressen zu verfolgen ist legitim, doch das Suchen des eigenen Vorteils durch eine gezielte Schädigung des Partners, also mit unethischen Mitteln, ist unvereinbar mit einem nachhaltigen Wirtschaften zum wechselseitigen Vorteil.

Artikel 4

Was du nicht willst, das man dir tut, das füg' auch keinem anderen zu. Diese seit Jahrtausenden in allen religiösen und humanistischen Traditionen bekannte *Goldene Regel* der Gegenseitigkeit fordert wechselseitige Verantwortlichkeit, Solidarität, Fairness, Toleranz und Achtung von allen Akteuren ein. Solche Haltungen oder Tugenden sind Grundsäulen eines globalen Wirtschaftsethos. Fairness im Wettbewerb und Kooperation zum wechselseitigen Nutzen sind grundlegende Prinzipien einer sich nachhaltig entwickelnden Weltökonomie, die im Einklang mit der *Goldenen Regel* stehen.

II. Grundwerte für globales Wirtschaften

Die folgenden Grundwerte für globales Wirtschaften entwickeln das Grundprinzip der Humanität weiter und geben Empfehlungen für das Entscheiden, Handeln und Verhalten im praktischen Wirtschaftsleben.

Grundwerte: Gewaltlosigkeit und Achtung vor dem Leben

Ethischer Bezugsrahmen: *Wahrhaft Mensch sein heißt im Geist der großen religiösen und ethischen Traditionen, rücksichtsvoll und hilfsbereit zu sein, und zwar im privaten wie im öffentlichen Leben. Jeder Mensch, jedes Volk, jede Rasse und jede Religion soll den anderen Toleranz, Respekt, gar Hochschätzung entgegenbringen. Minderheiten – sie seien rassischer, ethnischer oder religiöser Art – bedürfen des Schutzes und der Förderung durch die Mehrheit.*

Artikel 5

Alle Menschen haben die Pflicht, das Recht auf Leben und auf seine Entfaltung zu achten. Die Ehrfurcht vor dem menschlichen Leben ist ein besonders hohes Gut. Jede Form von Gewalt als Mittel zum wirtschaftlichen Zweck ist abzulehnen. Sklavenarbeit, Zwangsarbeit, Kinderarbeit, körperliche Züchtigung sowie andere Formen der Verletzung international anerkannter Normen des Arbeitsrechts müssen zurückgedrängt und abgeschafft werden. Alle Wirtschaftsakteure müssen in erster Linie den Schutz der Menschenrechte in ihren eigenen Organisationen sicherstellen. Sodann müssen sie alle Anstrengungen unternehmen, dass sie in ihrem Einflussbereich nicht zu Menschenrechtsverletzungen ihrer Geschäftspartner oder anderer Parteien beitragen oder gar von ihnen profitieren.

Die gesundheitliche Beeinträchtigung von Menschen durch defizitäre Arbeitsbedingungen ist zu vermeiden. Arbeitssicherheit nach dem Stand der Technik, Produktsicherheit und die Unschädlichkeit der Produkte für die menschliche Gesundheit sind grundlegende Anforderungen einer Kultur der Gewaltlosigkeit und Achtung vor dem Menschen.

Artikel 6

Der nachhaltige Umgang mit der natürlichen Umwelt des Menschen durch alle Teilnehmer am Wirtschaftsleben ist ein hoher Wert des wirtschaftlichen Handelns. Die Verschwendung von natürlichen Ressourcen und die Verschmutzung der Umwelt sind durch Ressourcen sparende Verfahren und umweltschonende Technologien zu minimieren. Zukunftsfähige, möglichst erneuerbare Energie, sauberes Wasser und unverschmutzte Luft sind Elementarbedingungen des Lebens überhaupt, zu denen jeder Mensch Zugang haben muss.

Grundwerte: Gerechtigkeit und Solidarität

Ethischer Bezugsrahmen: *Wahrhaft menschlich sein heißt im Geist der großen religiösen und ethischen Traditionen: Wirtschaftliche und politische Macht darf nicht zum rücksichtslosen Kampf um Herrschaft missbraucht werden, sie ist vielmehr für den Dienst an den Menschen zu gebrauchen. Eigeninteresse und Wettbewerb dienen der Entwicklung der Leistungsfähigkeit und der Wohlfahrt aller Beteiligten. Daher sollen der gegenseitige Respekt, der vernünftige Interessenausgleich, der Wille zur Vermittlung und zur Rücksichtnahme herrschen.*

Artikel 7

Recht und Gerechtigkeit bilden füreinander Voraussetzungen. Verantwortung, Rechtschaffenheit, Transparenz und Fairness sind Grundwerte eines Wirtschaftslebens, das von Rechtstreue und Integrität gekennzeichnet ist. Die Einhaltung des je geltenden nationalen und internationalen Rechts ist eine Pflicht für alle Wirtschaftsakteure. Wo es Defizite in der Qualität oder der Erzwingung der Rechtsnormen eines Landes gibt, sind diese durch Selbstverpflichtungen und

Selbstkontrolle auszugleichen; keinesfalls dürfen sie zu Gewinnzwecken ausgenutzt werden.

Artikel 8
Das Erzielen von Gewinn ist die Voraussetzung für die Wettbewerbsfähigkeit und den Bestand der Unternehmen und damit für deren soziales und kulturelles Engagement. Korruption aber schadet dem Gemeinwohl, der Wirtschaft und den Menschen, weil sie systematisch zur Fehlallokation und zur Verschwendung von Ressourcen führt.

Die Zurückdrängung und Abschaffung aller korrupten und unlauteren Praktiken, wie etwa Bestechung und Kartellabsprachen, Patentverletzung und Industriespionage, erfordern ein präventives Engagement, das Pflicht für alle Handelnden in der Wirtschaft ist.

Artikel 9
Die Überwindung von Hunger und Unwissenheit, Armut und Ungleichheit der Lebenschancen in allen Ländern des Globus ist ein großes Ziel einer Gesellschafts- und Wirtschaftsordnung, die auf Chancengleichheit, Verteilungsgerechtigkeit und Solidarität zielt. Selbsthilfe und Fremdhilfe, Subsidiarität und Solidarität, privates und öffentliches Handeln sind je zwei Seiten einer Medaille. Sie konkretisieren sich vor allem in privaten und öffentlichen Investitionen im Wirtschaftssektor, aber auch in privaten und öffentlichen Initiativen zur Schaffung von Institutionen, die der Bildung aller Bevölkerungsteile und dem Aufbau eines Systems sozialer Sicherheit dienen. Grundlegendes Ziel all dieser Bestrebungen ist eine menschliche Entwicklung, die auf Förderung all jener Kompetenzen und Ressourcen abzielt, mit denen Menschen befähigt werden, ein selbstbestimmtes und menschenwürdiges Leben zu führen.

Grundwerte: Wahrhaftigkeit und Toleranz

Ethischer Bezugsrahmen: *Wahrhaft Mensch sein heißt im Geist der großen religiösen und ethischen Traditionen: Statt Freiheit mit Willkür und Pluralismus mit Beliebigkeit zu verwechseln, der Wahrheit Geltung zu verschaffen; statt in Unehrlichkeit, Verstellung und opportunistischer Anpassung zu leben, den Geist der Integrität und Wahrhaftigkeit auch in den alltäglichen Beziehungen zwischen Mensch und Mensch zu pflegen.*

Artikel 10
Wahrhaftigkeit, Ehrlichkeit und Zuverlässigkeit sind Werte, ohne die nachhaltige und Wohlfahrt fördernde Wirtschaftsbeziehungen nicht gedeihen können. Sie sind Voraussetzungen für die Bildung von Vertrauen im zwischenmenschlichen Miteinander sowie im ökonomischen Wettbewerb. Zudem gilt es, das Recht auf Privatsphäre sowie persönliche oder berufliche Vertraulichkeit zu schützen.

Artikel 11
Die Vielfalt der kulturellen und politischen Überzeugungen wie auch der individuellen Begabungen und der Kompetenzen von Organisationen sind eine mögliche Quelle der globalen Wohlfahrt. Ihre Kooperation zum wechselseitigen Vorteil setzt die Akzeptanz gemeinsamer Werte und Normen, gemeinsames Lernen und Toleranz gegenüber Anderssein voraus. Die Diskriminierung von Menschen wegen ihres Geschlechts, ihrer Rasse, ihrer Nationalität oder ihres Glaubens ist unvereinbar mit den Prinzipien eines globalen Wirtschaftsethos. Menschenverachtendes und menschenrechtsverletzendes Handeln ist nicht zu tolerieren.

Grundwerte: Gegenseitige Achtung und Partnerschaft

Ethischer Bezugsrahmen: *Wahrhaft Mensch sein heißt im Geiste der großen religiösen und ethischen Traditionen: statt patriarchaler Beherrschung oder Entwürdigung, die Ausdruck von Gewalt sind und oft Gegengewalt erzeugen, gegenseitige Achtung, Verständnis, Partnerschaftlichkeit. Jeder und jede Einzelne hat nicht nur eine unverletzliche Würde und unveräußerliche Rechte; alle Menschen haben auch eine unabweisbare Verantwortung für das, was sie tun und nicht tun.*

Artikel 12
Wechselseitige Achtung und Partnerschaft der Beteiligten, gerade auch von Mann und Frau, ist sowohl Voraussetzung als auch Ergebnis wirtschaftlicher Kooperation. Sie basiert auf Respekt, Fairness und Aufrichtigkeit gegenüber dem Anderen, seien es nun die Verantwortlichen der Unternehmen, die Mitarbeiter, die Kunden oder andere Interessensträger. Achtung und Partnerschaft sind die unverzichtbare Basis, auf der auch die nicht intendierten negativen Konsequenzen wirtschaftlicher Interaktionen als gemeinsames Dilemma aller Involvierten akzeptiert und im gemeinsamen Bemühen aufgelöst werden können.

Artikel 13
Partnerschaft findet ihren Ausdruck auch in der Möglichkeit zur Teilhabe am Leben, den Entscheidungen und den Erträgen der Wirtschaft. Diese variiert je nach den kulturellen Voraussetzungen und den ordnungspolitischen Rahmenbedingungen eines Wirtschaftsraumes. Das Recht, sich zusammenzuschließen und kollektiv seine Interessen verantwortungsbewusst wahrzunehmen, ist jedoch ein Mindeststandard, der überall anzuerkennen ist.

Schluss

Alle Akteure sollen die international akzeptierten Verhaltensnormen des Wirtschaftslebens respektieren, schützen und an deren Verwirklichung im Rahmen ihrer Einflusssphäre mitwirken. Grundlegend dafür sind die von den Vereinten Nationen (UN) im Jahre 1948 proklamierten und inzwischen global anerkannten Menschenrechte und Menschenpflichten. Andere globale Leitlinien anerkannter transnationaler Institutionen, wie etwa der »Global Compact« der Vereinten Nationen, die »Declaration on Fundamental Principles and Rights at Work« der International Labour Organization (ILO), die »Rio Declaration on Environment and Development« und die UN »Convention Against Corruption«, um nur einige zu nennen, stimmen überein mit den in dieser Erklärung festgehaltenen Erfordernissen eines globalen Wirtschaftsethos.

Erstunterzeichner

A. T. Ariyaratne, Gründer-Präsident, Sarvodaya Bewegung, Sri Lanka

Leonardo Boff, Theologe und Schriftsteller, Brasilien

Michel Camdessus, Gouverneur honoraire der Banque de France

Walter Fust, CEO, Global Humanitarian Forum

Prinz El Hassan bin Talal, Jordanien

Margot Käßmann, Landesbischöfin von Hannover und Vorsitzende des Rates der Evangelischen Kirche in Deutschland

Georg Kell, Executive Director, UN Global Compact Office

Samuel Kobia, Generalsekretär des Ökumenischen Rats der Kirchen

Hans Küng, Präsident der Stiftung Weltethos

Karl Lehmann, Kardinal, Bischof von Mainz

Klaus M. Leisinger, CEO, Novartis Stiftung

Peter Maurer, Botschafter und ständiger Vertreter der Schweiz bei den Vereinten Nationen

Mary Robinson, Präsidentin von Realizing Rights: The Ethical Globalization Initiative

Jeffrey Sachs, Direktor, The Earth Institute, Columbia University

Juan Somavia, Generaldirektor der Internationalen Arbeitsorganisation (ILO)

Desmond Tutu, em. Erzbischof, Friedensnobelpreisträger

Daniel Vasella, CEO, Novartis International

Tu Weiming, Professor für Philosophie, Harvard-Universität und Peking-Universität

Patricia Werhane, Professorin für Wirtschaftsethik, University of Virginia, Darden School of Business and DePaul University

James D. Wolfensohn, ehemaliger Präsident der Weltbank

Carolyn Woo, Dekanin, Mendoza College of Business, University of Notre Dame

Die Erklärung wurde verfasst von einer *Arbeitsgruppe der Stiftung Weltethos*:

Prof. Dr. Heinz-Dieter Assmann (Universität Tübingen)

Dr. Wolfram Freudenberg (Freudenberg-Gruppe)

Prof. Dr. Klaus Leisinger (Novartis Stiftung)

Prof. Dr. Hermut Kormann (Voith AG)

Prof. Dr. Josef Wieland (Federführung, Hochschule Konstanz)

Prof. h.c. Karl Schlecht (Putzmeister AG)

Von der Stiftung Weltethos:
Prof. Dr. Hans Küng (Präsident)
Dr. Stephan Schlensog (Generalsekretär)
Dr. Günther Gebhardt (Wissenschaftlicher Koordinator)
Prof. Dr. Karl-Josef Kuschel (Wissenschaftlicher Berater)

4. Wegbereiter: »Ja zum Weltethos. Perspektiven für die Suche nach Orientierung« (1995)

Titel und Zwischentitel stammen vom Herausgeber

(1) Aus der Welt von Politik und Kultur

Bundespräsident a. D. *Richard v. Weizsäcker, Auf dem Weg zu einem gemeinsamen Weltethos*: Fortschritte und Rückschritte bei der Sicherheit – Demokratie lebt von ethischen Voraussetzungen – Die Religionen sind aufgerufen.

Friedenspreisträger *Lew Kopelew, Es geht um das Schicksal der Menschheit*: Die Geschichte liefert uns Beispiele – Die nötige Einheit von Wissenschaft, Politik und Moral – Was die Weltpolitik künftig bestimmen sollte.

Staatspräsidentin *Mary Robinson, Kein menschlicher Fortschritt ohne ein Weltethos*: Das Ungleichgewicht von Macht und Machtlosigkeit – Zuhören – Teilen – Mitwirken.

Bundeskanzler a. D. *Helmut Schmidt, Kernsätze für ein menschliches Zusammenleben*: Neubesinnung auf ethische Grundregeln – Haben die Religionen die Kraft?

Staatspräsident *Martti Ahtisaari, Gemeinsame internationale Verantwortung*: Globale Ethik fördert KSZE-Ziele – Kulturelle und ethische Werte – Information als ethisches Problem.

Präsident des Roten Kreuzes *Cornelio Sommaruga, Zum Überleben unabdingbar*: Übereinstimmung mit den Prinzipien des Roten Kreuzes – Für die Respektierung der Menschenwürde.

Botschafter *Juan Somavia, Eine Leitinspiration für jeden von uns*: Die transformierende Kraft des Ethos – Die Prinzipien in die Praxis umsetzen.

Friedensnobelpreisträgerin *Rigoberta Menchú, Mein unwiderrufliches Credo*: Unverzichtbare Bestandteile des Friedens – Verpflichtung für Guatemala.

Friedenspreisträger *Carl Friedrich v. Weizsäcker, Zum Appell für ein Weltethos*: Die Erfahrung der Naturwissenschaft – Was folgt ethisch hieraus? – Die Rolle der Ethik in der Religion – Unvollendete Religion.

Lord Yehudi Menuhin: Mein Gebet.

(2) Aus der Welt des Judentums

Friedenspreisträger Bürgermeister *Teddy Kollek, Eine Antwort aus Jerusalem zum Projekt eines Weltethos*: Eine Stadt – zwei Völker – drei Religionen – Der Wunsch nach Ethos aus der Katastrophe – Was ist von Juden verlangt? – Verständigung unter den Religionen ist möglich.

Rabbi *Jonathan Magonet, Judentum und Weltethos*: Die Ambivalenz des Universalismus – Biblische Grundlagen eines Weltethos – Um des Friedens willen.

Professor *André Chouraqui, Grundlagen für ein Weltethos gemäß Bibel, Evangelien und Koran*: Weltethos und Bund – Die Begegnung der abrahamischen Religionen – Die Hoffnung auf Frieden durch die Religionen.

Sir Sigmund Sternberg, Die Welt sucht nach moralischer und spiritueller Führung: Die Menschen des Glaubens zusammenführen – Für einen »Weltrat der Religionen«.

Friedensnobelpreisträger *Elie Wiesel, Für eine Ethik zur Ehre der Menschheit und des Schöpfers.*

Großrabbiner *René-Samuel Sirat, Zeichen der Hoffnung:* Ein Brief in Sachen Weltethos.

(3) Aus der Welt des Christentums

Kardinal *Franz König, Das Menschengeschlecht als Schicksalsgemeinschaft:* Weltethos in das religiöse Erbe der Menschheit hineinstellen – Frieden, Aufgabe der Religionen.

Generalsekretär des Ökumenischen Rates *Konrad Raiser, Weltordnung und Weltethos:* Keine Menschenrechte ohne moralischen Grundkonsens – Eine neue moralische Kultur – Stellenwert und Reichweite eines Weltethos?

Ökumenischer Patriarch *Bartholomaios I., Über die Versöhnung der Nationen und den Frieden der Welt:* Wider die Verabsolutierung von Nationalismus und Rassismus – Die Geschichte wird durch die »Kraft der Schwachen« bewegt – Grundprobleme angehen: Arbeitslosigkeit und Umweltzerstörung.

Erzbischof von Canterbury *George Carey, Toleranz und Integrität des eigenen Glaubens schließen sich nicht aus:* Genuine Toleranz sollte auf wahrer Akzeptanz des je anderen beruhen – Wahres Verständnis der Integrität und Einzigartigkeit des Glaubens.

Kardinal *Joseph Bernardin, Im Einklang mit dem Christentum:* Ein Experiment – Was ist die Basis für Moral? – Kann es eine Ethik ohne Glauben geben? – Die Notwendigkeit grundlegender Veränderung – Die vier unverrückbaren Weisungen.

Kardinal *Paulo Evaristo Arns, Das Ethos des Friedens:* Was ist Frieden? – Die Verpflichtung der Religionen zum Frieden – Für eine gerechte Wirtschaftsordnung – Lokale Zentren für Menschenrechte – Für Gesundheit und medizinische Vorsorge.

Friedensnobelpreisträger *Desmond Tutu, Religion und Menschenrechte*: Jeder Mensch ist Abbild Gottes – Freiheit und Befreiung des Menschen – Der positive Einfluss der Religion – Pathologische Aspekte der Religion.

(4) Aus der Welt des Islam

Kronprinz *Hassan von Jordanien, Der Weg in ein neues Denken*: Die großen Herausforderungen für die Menschheit – Alle Menschen sind voneinander abhängig.

Scheich *Muhammad El-Ghazali, Streben nach einem höheren Ethos*: Friedensbereitschaft – und ein Vorbehalt – Die moralische Kraft der Religion – Das Gebot der Gerechtigkeit.

Professor *Hassan Hanafi, Die Religionen müssen zusammenarbeiten*: Probleme der praktischen Anwendung – Das Problem von Minderheiten in der islamischen Welt – Ungelöste Fragen der Weltpolitik und Weltgerechtigkeit.

Professor *Mahmoud Zakzouk, Über Einheit und Gleichheit der Menschen:* Der Mensch als Statthalter Gottes – Verantwortungsbewusst handeln.

Professor *Muhammad Talbi, Eine Charta der Pflichten und Aufgaben aller Menschen:* Die Religion als Wertstifterin – Ein weltweiter Bewusstseinsprozess – Ethik für religiöse und nichtreligiöse Menschen.

(5) Aus der Welt der östlichen Religionen

Professor *Hajime Nakamura, Gedanken zum Parlament der Weltreligionen:* Die Eine, Ewige Religion in allen Religionen – Die Wiedererstarkung des Buddhismus – Die

Internationalisierung des Shintoismus – Weltfrieden durch Entdeckung des Wesens der Religionen.

Professor *Sulak Sivaraksa, Als Buddhist unterstütze ich …*: Ein Brief in schwieriger Situation.

Hochkommissar *L. M. Singhvi, Die Charta einer globalen Ordnung*: Eine Botschaft.

Professor *Dileep Padgaonkar, Toleranz neu definieren*: Die paradoxe Situation der Menschheit – Die gemeinsamen moralischen und spirituellen Werte stärken.

Professor *Shu-hsien Liu, Weltethos – Eine konfuzianische Antwort*: Die große Offenheit des Konfuzianismus – Das Problem der Menschenrechte in Asien – Hoffnung auf eine bessere Welt.

Friedensnobelpreisträgerin *Aung San Suu Kyi, Für eine Kultur von Frieden und Entwicklung*: Entwicklung des Menschen ist mehr als bloßes Wirtschaftswachstum – Demokratie und Menschenrechte im Widerspruch zur Nationalkultur? – Unterschiedliche Völker müssen in menschlichen Grundwerten übereinstimmen – Der Wert des Menschen ist höher einzustufen als die Macht – Die Herausforderung, sich auf menschliche Werte zu einigen.

5. Das Weltethos auf der Weltagenda

Forderungen nach einem globalen Ethos wurden schon ein halbes Jahrzehnt nach Erscheinen des Buches »Projekt Weltethos« durch verschiedene internationale Konferenzen und Kommissionen erhoben. Neben der »Erklärung zum Weltethos« des Parlaments der Weltreligionen und dem Vorschlag des InterAction Council für eine »Allgemeine Erklärung der Menschenpflichten« sind folgende Stellungnahmen wichtig (Hervorhebungen von Hans Küng):

(1) Die UN-Kommission für Weltordnungspolitik

Diese UN-Kommission brachte einen Bericht über »*Nachbarn in einer Welt*« (1995) heraus. In Kapitel II, 3 wird ein globales Bürgerethos verlangt:

»Wir fordern daher die internationale Gemeinschaft nachdrücklich auf, geschlossen für ein *globales Ethos mit gemeinsamen Rechten und Pflichten* einzutreten. Unserer Ansicht nach würde ein solches Ethos die bereits zum Gebäude der internationalen Normen gehörenden Grundrechte weiter stärken und das moralische Fundament für die Schaffung eines wirksameren Systems der Weltordnungspolitik bilden« (*Commission on Global Governance*, Our Global Neighbourhood).

(2) Die Welt-Kommission für Kultur und Entwicklung

Diese Kommission veröffentlichte einen Bericht über »*Unsere kreative Verschiedenheit*« (1995). Kapitel I umschreibt ein neues globales Ethos:

»Die Zusammenarbeit zwischen Menschen verschiedener Interessen und Kulturen kann erleichtert und Konflikte in akzeptablen und sogar konstruktiven Grenzen gehalten werden, wenn die Beteiligten sich selber gebunden und motiviert sehen durch gemeinsame Verpflichtungen. Es ist deshalb geboten, nach einem Kern gemeinsamer ethischer Werte und Prinzipien zu suchen. ... Die Idee ist, daß die *Werte und Prinzipien einer globalen Ethik* die gemeinsamen Bezugspunkte sein sollen, die eine minimale moralische Anleitung bieten, welche die Welt in ihren mannigfaltigen Anstrengungen zur Bewältigung der genannten globalen Probleme beachten muß« (*Report of the World Commission on Culture and Development*, Our Creative Diversity).

(3) Das Dritte-Millennium-Projekt Valencia

Dieses in Zusammenarbeit mit der UNESCO realisierte Projekt legte einen Abschlussbericht vor: »*Vorschläge für zukünftige Orientierung und Aktivitäten*« (1997). In seiner Konklusion Nr. 15 wird festgestellt:

»Zweifellos erfordert ein globales Szenario, von einer neuen Weltordnung ganz zu schweigen, die stillschweigende oder ausdrückliche Annahme einer Reihe *globaler ethischer Prinzipien*. Diese Prinzipien sollten ein Minimum an globalen Werten wiedergeben, damit Gesellschaften und Nationen in Harmonie zusammenleben können. Wir müssen die Bedingungen sicherstellen, unter denen sich Toleranz entwickelt und verschiedene Gemeinschaften koexistieren können. Es gibt kein Überleben der Menschheit ohne eine Koalition von Glaubenden und Nicht-Glaubenden in einer Atmosphäre gegenseitigen Respekts. Diese Prinzipien könnten durch eine Charta der Bürger und der Rechte wie Pflichten der Nationen ergänzt werden.«

(4) Das World Economic Forum 1997 (Davos/Schweiz)

Das Weltwirtschaftsforum war in dieser Problematik ebenfalls aktiv. In seiner Pressemitteilung vom 4. Februar heißt es:

Das World Economic Forum verlangt, »eine Erklärung der Menschenpflichten (Declaration of Human Responsibilities) auszuarbeiten und darüber einen internationalen Konsens zu erreichen. ›Der Begriff fundamentaler Menschenrechte begleitete uns schon seit einiger Zeit, aber es gibt kein ähnlich breites Verständnis der fundamentalen menschlichen Pflichten‹, sagte Klaus Schwab, der Gründer und Präsident des Forums. ›Aber mit fortschreitender Globalisierung ist ein konstruktiver internationaler Dialog über *gemeinsame Werte und menschliche Pflichten* ein natürlicher nächster Schritt.‹ Eine Gruppe international bekannter Ethiker und Rechtswissenschaftler erklärte beim Jahrestreffen des Forums, daß das Zusammentreffen der andauernden weltweiten Menschenrechtsverletzungen mit den Kräften der Globalisierung nach einer neuen gemeinsamen Definition ethischer Werte und eines verantwortlichen menschlichen Verhaltens ruft.«

(5) Das UNESCO Universal Ethics Project 1997 (Paris)

Dieses Projekt hält in seinen Schlussempfehlungen fest:
»Moralische Werte und ethische Prinzipien, die den *Kern einer universalen Ethik* bilden könnten, müssen durch Reflexion und Empirie ermittelt und festgestellt werden, indem sie mit jenen Werten und Prinzipien identifiziert werden bzw. diese widerspiegeln, die weitverbreitet anerkannt und/oder rational notwendig sind. Das Projekt soll die bereits vorhandenen Bemühungen um allgemeine Rechte, Werte und Normen zu seinem Ausgangpunkt machen.«

(6) Die VI. Indira Gandhi Konferenz in Delhi (1997)

Diese internationale Konferenz über »*Interdependezen und Identitäten in einer postkolonialen Welt*« formuliert in der Nummer 17 ihrer Schlussfolgerungen:
»In einer sich globalisierenden Welt, die einen tiefgreifenden Paradigmenwechsel im Hinblick auf Glauben, Einstellungen und Verhalten von Gemeinschaften und Individuen vollzieht, ist die Zeit gekommen, auf gemeinsame, universale ethische Prinzipien hinzuarbeiten, in denen alle Religionen und Kulturen übereinstimmen. Dies kann als Basis dienen für die Ausformulierung einer weiterreichenden Reihe von

menschlichen Pflichten, Verpflichtungen und Maßstäben,
komplementär und korrespondierend zur Allgemeinen
Erklärung der Menschenrechte. Die Feier des 50. Jahresta-
ges der Allgemeinen Menschenrechtserklärung würde ein
passender Zeitpunkt für eine solche Initiative sein« (Draft
Conclusions: *Sixth Indira Gandhi Conference:* Post Colonial
World: Interdependence and Identities).

(7) Der Bericht »Brücken in die Zukunft« der »Gruppe herausragender Persönlichkeiten« (2001)

In diesem im Auftrag des *Generalsekretärs* der *Vereinten Nationen, Kofi Annan,* erarbeiteten Bericht heißt es:
»Versöhnung ist die höchste Form des Dialogs. Sie verlangt die Fähigkeit zuzuhören, die Fähigkeit, nicht nur zu
überzeugen, sondern sich auch überzeugen zu lassen, und
vor allem die Fähigkeit zu vergeben. Seinem Wesen nach
geht es um einen Dialog als Fundament für die Zukunft,
nicht um einen Dialog als Abrechnung mit der Vergangenheit ... Versöhnung bringt uns vielleicht alle dazu, welcher
Weg auch immer zu ihr führt, ein *neues Weltethos* zu entdecken und zu etablieren. Ein Weltethos für Institutionen und
Zivilgesellschaft, für Führer und ihre Gefolgsleute erfordert
das Sehnen und Streben
– nach Frieden,
– nach Gerechtigkeit,
– nach Partnerschaft,
– nach Wahrheit.
Dies könnten die vier Säulen eines Systems von Weltethos
sein, das der Versöhnungsprozess als neue Antwort auf den
Teufelskreis endlosen Hasses mit sich bringen wird.« (»*Crossing the Divide. Dialogue among Civilizations*«; www.uno.
org.)

Wie viel besser stünde es doch um unsere Welt im dritten Jahrtausend, wenn man alle diese Forderungen in die Weltagenda aufnehmen und sukzessive verwirklichen würde!

(8) Weltethos aus Sicht der christlichen Kirchen

Aus dem Folgenden ist zu ersehen, dass auch namhafte Vertreter der christlichen Kirchen sich für ein Weltethos aussprechen:

1. Begegnung von Papst Benedikt XVI. mit Professor Hans Küng (Pressecommuniqué, 2005)

»Am Samstag, den 24. September 2005, fand in freundschaftlicher Atmosphäre ein Gespräch zwischen Papst Benedikt XVI. und Professor Hans Küng (Tübingen) statt. Beide Seiten waren sich einig, daß es nicht sinnvoll sei, im Rahmen dieser Begegnung in einen Disput über die Lehrfragen einzutreten, die zwischen Hans Küng und dem Lehramt der katholischen Kirche umstritten sind. Das Gespräch konzentrierte sich deshalb auf zwei Bereiche, die besonders in jüngerer Zeit im Vordergrund der Arbeit von Hans Küng stehen: die Frage des Weltethos und der Dialog der Vernunft der Naturwissenschaften mit der Vernunft des christlichen Glaubens.

Professor Küng stellte heraus, daß es bei dem *Projekt Weltethos* keineswegs um eine abstrakte intellektuelle Konstruktion gehe. Es werden vielmehr die moralischen Werte ins Licht gesetzt, in denen die großen Religionen der Welt bei allen Unterschieden konvergieren und die sich von ihrer überzeugenden Sinnhaftigkeit her auch der säkularen Vernunft als gültige Maßstäbe zeigen können. Der Papst würdigte positiv das Bemühen von Professor Küng, im Dialog der Religionen wie in der Begegnung mit der säkularen Vernunft zu einer erneuerten Anerkennung der wesentlichen moralischen Werte der Menschheit beizutragen. Er stellte heraus, daß der Einsatz für ein erneuertes Bewußtsein der das menschliche Leben tragenden Werte auch ein wesentliches Anliegen seines Pontifikates darstellt.

Ebenso bekräftigte der Papst seine Zustimmung zu dem Mühen von Professor Küng, den Dialog zwischen *Glaube und Naturwissenschaft* neu zu beleben und die Gottesfrage dem naturwissenschaftlichen Denken gegenüber in ihrer Vernünftigkeit und Notwendigkeit zur Geltung zu bringen. Professor Küng seinerseits drückte seine Zustimmung zu dem Mühen des Papstes um den Dialog der Religionen wie um die Begegnung mit den unterschiedlichen gesellschaftlichen Gruppen der modernen Welt aus.«

Città del Vaticano, 26. September 2005

2. Landesbischöfin Dr. Margot Käßmann (2007)

Weimarer Rede (Weimar, 4. März 2007): »Religion als Faktor der Konfliktentschärfung«

»(…) Der katholische Theologe und Autor Hans Küng hat einmal gesagt: ›Kein Friede unter den Nationen ohne Frieden unter den Religionen!‹ Er ringt daher mit seinem ›Projekt Weltethos‹ unermüdlich darum. Bei seinen Studien und Erfahrungen kam Hans Küng zu dem Schluss, dass sich, bei allen nicht zu unterschätzenden Unterschieden in Glauben, Lehre und Ritus, auch Ähnlichkeiten, Konvergenzen, Übereinstimmungen zwischen den Weltreligionen feststellen lassen: Alle Menschen sind vor dieselben großen Fragen gestellt, die Urfragen nach dem Woher und Wohin von Welt und Mensch, nach der Bewältigung von Leid und Schuld, nach den Maßstäben des Lebens und Handelns, dem Sinn vom Leben und Sterben. Alle Religionen sind zugleich Heilsbotschaft und Heilsweg, alle Religionen vermitteln eine gläubige Lebenssicht, Lebenseinstellung und Lebensart, und sie vermitteln bei allen dogmatischen Unterschieden doch einige gemeinsame ethische Maßstäbe. Diese Beobachtungen wurden Küng zur Leitfrage der 90er Jahre: Was ist dieses gemeinsame Grundethos? Schon 1988 schrieb Küng: ›Gerade die Verbundenheit im Ethos könnte zu einem einigenden friedenstiftenden Band der Völkergemeinschaft werden, könnte beitragen zu einem freieren, gerechteren, friedlicheren Zusammenleben in unserer zunehmend unbewohnbar werdenden Welt.‹ Von hier ausgehend und in Analogie zu Weltpolitik, Weltwirtschaft, Weltfinanzsystem prägte Küng den Begriff ›Weltethos‹. Er soll nicht bindend christlich verstanden werden, sondern in einem neuen interreligiös-interkulturellen Sinn. Gläubige aller Religionen und Nichtgläubige in allen Kulturen sollen hier ihr Gemeinsames finden. Es geht um ethische Basisstandards, die von allen bejaht werden können.

Zwei Grundprinzipien für ein humanes Ethos werden benannt: Jeder Mensch soll menschlich und nicht unmenschlich behandelt werden, und die sogenannte Goldene Regel, was du nicht willst, das man dir tut, das füg auch keinem anderen zu, bzw. in der biblischen Fassung: ›Alles nun, was ihr wollt, dass euch die Leute tun sollen, das tut ihnen auch!‹ (Mt 7, 12). Vier unverrückbare Weisungen bezüglich derer die großen religiösen und philosophischen Traditionen übereinstimmen, werden von Küng benannt: 1. Habt Ehrfurcht vor dem Leben. Die uralte Weisung: Du sollst nicht töten, verstanden in der heutigen Zeit als Verpflichtung auf eine Kultur der Gewaltlosigkeit und der Ehrfurcht vor allem Leben. 2. Handle gerecht und fair. Die uralte Weisung: Du sollst nicht stehlen, verstanden heute als Verpflichtung auf eine Kultur der Solidarität und eine gerechte Wirtschaftsordnung. 3. Rede und handle wahrhaftig. Die uralte Weisung:

Du sollst nicht lügen, verstanden heute als eine Verpflichtung auf eine Kultur der Toleranz und ein Leben in Wahrhaftigkeit. 4. Achtet und liebet einander. Die uralte Weisung: Du sollst Sexualität nicht missbrauchen, verstanden heute als eine Verpflichtung auf eine Kultur der Gleichberechtigung und die Partnerschaft von Mann und Frau.

Das Projekt ›Weltethos‹ steht im Dienst einer weltweiten Verständigung zwischen den Religionen mit dem Ziel eines gemeinsamen Menschheitsethos, das allerdings die Religion nicht ablösen soll. Ethos ist und bleibt, so Küng, nur eine Dimension innerhalb der einzelnen Religionen und zwischen den Religionen. Es geht nicht um eine Einheitsreligion, einen Religionencocktail oder einen Religionsersatz durch ein Ethos. Das ist mir wichtig, da ich von ›Religionsmischmasch‹ gar nichts halte. Vielmehr geht es um ein Bemühen um den dringend erforderlichen Frieden zwischen den Menschen von den verschiedenen Religionen dieser Welt her. Seine Vision hat Hans Küng in vier Sätzen zusammengefasst: ›Kein Frieden unter den Nationen ohne Frieden unter den Religionen, kein Frieden unter den Religionen ohne Dialog zwischen den Religionen, kein Dialog zwischen den Religionen ohne globale ethische Maßstäbe, kein Überleben unseres Globus ohne ein globales Ethos, ein Weltethos.‹

(…) Im Dialog miteinander, in der Begegnung zwischen Religionen kann Vertrauen wachsen. Und im gemeinsamen Willen, zur Entschärfung beizutragen, kann das Projekt Weltethos große Dienste leisten. Es muss nicht immer alles neu erfunden werden. Besonders wichtig aber ist, dass Religionen sich nicht gegenseitig verteufeln. Dass sie aufmerksam sind auf Fundamentalismus in den eigenen Reihen, stets für die Freiheit des anderen eintreten und jede Form von Gewalt entschieden ablehnen, ja als Gotteslästerung brandmarken. Das erwarte ich von Angehörigen jeder Religion.«

V. Träger und Stützen des Weltethos-Projekts

1. Die Stiftung Weltethos (1995)

Stiftungsvorstand
Graf Karl Konrad von der Groeben (Stifter, gest. 2005)
Prof. Dr. Hans Küng (Präsident)
Prof. Dr. Karl-Josef Kuschel (Vizepräsident, ausgeschieden 2009)
Dr. Hans-Henning Pistor
Prof. Dr. Barbara Remmert (seit 2010)
Dr. Wolfram Freudenberg (seit 2011)

Kuratorium
Dr. Peter Adolff, Mitglied des Vorstands Allianz SE i.R., ehem. Gesellschafter der Robert Bosch Industrietreuhand KG
Prof. Dr. Heinz-Dieter Assmann, Prorektor der Universität Tübingen
Dr. Siegfried Jaschinski, Vorstand der MainFirstBank AG
Prof. Dr. Horst Köhler, Bundespräsident a.D.
Dr. Nicola Leibinger-Kammüller, Vorsitzende der Geschäftsführung, Fa. Trumpf GmbH & Co. KG
Prof. h.c. Karl Schlecht, Aufsichtsratsvorsitzender der Putz-

meister Holding GmbH

Dr. h.c. Erwin Teufel, MdL, Ministerpräsident a.D.

Prof. Dr. h.c. Reinhold Würth, Vorsitzender des Stiftungsaufsichtsrats der Würth-Gruppe

Stiftungsteam

Dr. Stephan Schlensog (Generalsekretär)

Dr. Günther Gebhardt (Projektkoordinator)

Ute Wanner (Büroleiterin)

Anette Stuber-Rousselle M.A. (Stiftungsassistentin)

Julia Willke M.A. (Projektmitarbeiterin)

Dr. Martin Bauschke (Stiftung Weltethos, Berlin)

Prof. Dr. Hermann Häring (Wissenschaftlicher Berater)

Prof. Dr. Karl-Josef Kuschel, Tübingen (Wissenschaftlicher Berater)

Stiftungsrat der Stiftung Weltethos/Schweiz (1996)

Martita Jöhr (Stifterin, gest. 2008)

Prof. Dr. Hans Küng (Präsident)

Heinz Müller, Generaldirektor a.D. (Vizepräsident)

Prof. Dr. Walter Kirchschläger (seit 2011)

Dr. Josef Studinka, Dipl.-Ing. Chem.

Carla Maria Schwöbel-Braun, B. Braun Medical (seit 2010)

Kuratorium der Stiftung Weltethos/Schweiz

Lic. iur. Hans Ambühl, Generalsekretär der Konferenz der kantonalen Erziehungsdirektoren EDK

Ständerätin a.D. Christine Beerli, Vizepräsidentin des Internationalen Komitees vom Roten Kreuz

Lic. oec. Adrian Gut, Horizon 21

Dr. Erwin Koller, Theologe und Journalist

Prof. Dr. Klaus Leisinger, CEO Novartis Stiftung für Nachhaltige Entwicklung

Ständerat a.D. Prof. Dr. Gilles Petitpierre, Universität Genf
Prof. Dr. Alois Riklin, Universität St. Gallen
Bundesrat Johann N. Schneider-Ammann
Dr. Robert A. Sutz, Generaldirektor a.D.

2. Weltethos-Institut an der Universität Tübingen (2011)

Beirat
Prof. Dr. Hans Küng (Vorsitzender)
Prof. Dr. Bernd Engler (Rektor der Universität Tübingen)
Prof. h.c. Karl Schlecht (Stifter)
Prof. Dr. Heinz-Dieter Assmann (Prorektor der Universität Tübingen)
Dr. Stephan Schlensog (Geschäftsführer)
Ernst Susanek (Vorsitzender der Zeppelin Universitäts-Stiftung)

Direktor: Prof. Dr. Claus Dierksmeier
Geschäftsführer: Dr. Stephan Schlensog
Wissenschaftlicher Assistent: Dr. Christopher Gohl

3. Internationale Partner

Initiative Weltethos Österreich (IWEO), Prof. Mag. Edith Riether (Präsidentin)
Weltethos-Stiftung Tschechien, Senator a.D. Doc. Dr. Karel Floss (Prag)
Fundación Ética mundial, Carlos Paz (Bogotá/Kolumbien)
Fundación Ética mundial de México, Lic. Gerardo Martínez Cristerna (Mexiko)

Fundação Ética Mundial, Dr. Inácio Neutzling, Moisés Sbardelotto (São Leopoldo)

Institute for Advanced Humanistic Studies (Peking), Prof. Dr. Tu Weiming, mit Center for World Religions and Global Ethic, Dr. Yang Xusheng

Projektbeauftragte Weltethos Hongkong, Dr. Gao Xin, Institute for Sino-Christian Studies

4. Weltethos-Redner

Tony Blair, Britischer Premierminister:
»Werte und die Kraft der Gemeinschaft« (30. Juni 2000)

Prof. Dr. *Mary Robinson*, UN-Hochkommissarin für Menschenrechte:
»Ethik, Menschenrechte und Globalisierung« (21. Januar 2002)

Kofi Annan, UN-Generalsekretär:
»Gibt es noch universelle Werte?« (12. Dezember 2003)

Prof. Dr. *Horst Köhler*, Deutscher Bundespräsident:
»Was gehen uns andere an?« (1. Dezember 2004)

Dr. *Shirin Ebadi,* Friedensnobelpreisträgerin:
»Der Beitrag des Islam zu einem Weltethos« (20. Oktober 2005)

Dr. *Jacques Rogge*, IOC-Präsident:
»Weltsport und Weltethos« (10. Mai 2006)

Dr. h.c. *Helmut Schmidt*, Deutscher Bundeskanzler a.D.:
»Das Ethos des Politikers« (8. Mai 2007)

Erzbischof *Desmond Tutu*, Friedensnobelpreisträger:
»Weltethos und Menschenwürde: eine afrikanische Perspektive« (15. Juni 2009)

Stephen Green, Ehemaliger Verwaltungsratsvorsitzender von HSBC Holding PLC:

»Globale Wirtschaft – Globale Ethik« (16. Dezember 2010)

Prof. *Claus Dierksmeier*, Direktor des Weltethos-Instituts an der Universität Tübingen:
»Wie sollen wir wirtschaften? Das Weltethos im Zeichen der Globalität« (18. April 2012)

5. Weltethos-Sponsoren

Graf Karl Konrad von der Groeben (Stifter der Stiftung Weltethos/Deutschland)

Martita Jöhr (Stifterin der Stiftung Weltethos/Schweiz)

Prof. h.c. Karl Schlecht (Stifter des Weltethos-Instituts an der Universität Tübingen)

Prof. Dr. Reinhold Würth

Robert-Bosch-Stiftung (Projekt: Kein Weltfriede ohne Religionsfriede; Symposion Washington 2011)

Schweizerische Eidgenossenschaft, Direktion für Entwicklung und Zusammenarbeit DEZA (Internet-Lernplattform »A Global Ethic now!«; Musikprojekt WELTETHOS)

Carla Maria Schwöbel-Braun

Als weitere Sponsoren, die uns über die Jahre namhaft unterstützt haben, sind zu nennen:

BASF AG – Karl-Hermann Blickle – BW Partner GmbH – DaimlerChrysler AG – Deutscher Sparkassen- und Giroverband – Stiftung Kommerzienrat Guido Feger – Flick Förderstiftung – Bruno und Rita Frei-Küng – Dr. Wolfram Freudenberg – Gips-Schüle-Stiftung – Prof. Helmut und Hannelore Greve – Adrian Gut – HMB Stiftung – Dr. Siegfried Jaschinski – Udo Keller Stiftung – Ute Kohm – Prof. Dr. Dieter Kummer – Loterie Romande – Dr. Wolfgang Martin

– Maria-Elisabeth Gräfin zu Münster – Otto GmbH – Emilio Pagani und Frau – Ellen Ringier – Carl-Heiner Schmid – Ralf Schneider – Stahl & Kessler, Kanzlei – UBS Stiftung für Soziales und Erziehung – Stiftung van Meeteren – Georges Wick Stiftung

Sie alle stehen für viele andere Sponsoren, die uns seit Jahren regelmäßig unterstützen und denen wir herzlich dankbar sind.

6. Bibliographie zum Weltethos

Publikationen von Hans Küng

Projekt Weltethos, München 1990, Serie Piper 1659.
Weltfrieden durch Religionsfrieden. Antworten aus den Weltreligionen, München 1993, Serie Piper 1862 (hrsg. mit Karl-Josef Kuschel).
Das Judentum, München 1991, Serie Piper 2827.
Das Christentum. Wesen und Geschichte, München 1994, Serie Piper 2940.
Ja zum Weltethos. Perspektiven für die Suche nach Orientierung, München 1995 (Hrsg.).
Weltethos und Erziehung, Luzern (Hans Erni-Stiftung) 1996.
Weltethos für Weltpolitik und Weltwirtschaft, München 1997, Serie Piper 3080.
Wissenschaft und Weltethos, München 1998 (hrsg. mit Karl-Josef Kuschel).
Spurensuche. Die Weltreligionen auf dem Weg, München 1999, Serie Piper 5167.
Globale Unternehmen – globales Ethos. Der globale Markt

erfordert neue Standards und eine globale Rahmenordnung, Frankfurt a. M. 2001 (Hrsg.).

Wozu Weltethos? Religion und Ethik in Zeiten der Globalisierung, Freiburg i. B. 2002 (erweitert 2006).

Dokumentation zum Weltethos, München 2002, Serie Piper
3489 (Hrsg.).

Friedenspolitik. Ethische Grundlagen internationaler Beziehungen, München 2003 (hrsg. mit Dieter Senghaas).

Der Islam, München 2004, Serie Piper 4709.

Erkämpfte Freiheit. Erinnerungen, München 2005, Serie Piper 4135.

Der Anfang aller Dinge. Naturwissenschaft und Religion,
München 2005.

Weltethos christlich verstanden, Freiburg 2005 (mit Angela
Rinn-Maurer).

Musik und Religion. Mozart – Wagner – Bruckner, München
2006, Serie Piper 4607.

Umstrittene Wahrheit. Erinnerungen, München 2007.

Weltethos aus den Quellen des Judentums, Freiburg 2008
(mit Walter Homolka).

Was ich glaube, München 2009.

Manifest »Globales Wirtschaftsethos«, München 2010 (hrsg.
mit Klaus M. Leisinger und Josef Wieland).

Anständig Wirtschaften, München 2010.

Jesus, München 2012.

Handbuch Weltethos, München 2012.

Die meisten meiner Bücher zur Weltethos-Thematik sind
im Piper Verlag in München erschienen, der mein publi-
zistisches Wirken seit 1974 begleitet und unterstützt. Dafür
danke ich dem Verleger Dr. h.c. Klaus Piper (gest. 2000) und
allen ihm nachfolgenden Verlegern. Hervorragend und hilfreich war über die Jahre die Zusammenarbeit mit meinem

Lektor Ulrich Wank (Programmleitung Sachbuch), dem Herstellungsleiter Hanns Polanetz und Eva Brenndörfer (Leitung Presse und Öffentlichkeitsarbeit).

Publikationen von weiteren Mitarbeitern

Martin Bauschke, Jesus im Koran, Köln 2001.

Martin Bauschke, Die Goldene Regel, Berlin 2010.

Günther Gebhardt, Zum Frieden bewegen, Hamburg 1994.

Karl-Josef Kuschel, Vom Streit zum Wettstreit der Religionen. Lessing und die Herausforderung des Islam, Düsseldorf 1998.

Karl-Josef Kuschel, Streit um Abraham. Was Juden, Christen und Muslime trennt – und was sie eint, Düsseldorf 2001.

Karl-Josef Kuschel, »Jud, Christ und Muselmann vereinigt?«. Lessings »Nathan der Weise«, Düsseldorf 2004.

Karl-Josef Kuschel, Juden – Christen – Muslime. Herkunft und Zukunft, Düsseldorf 2007.

Karl-Josef Kuschel – Stephan Schlensog (Hrsg.), Hans Küng – eine Nahaufnahme, München 2008.

Karl-Josef Kuschel, Leben ist Brückenschlagen. Vordenker des interreligiösen Dialogs, Ostfildern 2011.

Karl-Josef Kuschel – Heinz-Dieter Assmann, Börsen, Banken, Spekulanten. Spiegelungen in der Literatur – Konsequenzen für Ethos, Wirtschaft und Recht, Gütersloh 2011.

Stephan Schlensog, Der Hinduismus. Glaube, Geschichte, Ethos, München 2006.

Stephan Schlensog, Die Weltreligionen für die Westentasche, München 2008.

Stephan Schlensog – Walter Lange (Hrsg.), Weltethos in der Schule. Unterrichtsmaterialien, Tübingen 2007, ³2011.

Markus Weingardt, Religion Macht Frieden. Das Friedenspotential von Religionen in politischen Gewaltkonflikten, Stuttgart 2007.

Publikationen im Umkreis der Stiftung Weltethos

Claus Dierksmeier (u. a.), Humanistic Ethics in the Age of Globality, London/New York 2011.

Giandomenico Picco – Hans Küng – Richard v. Weizsäcker (u.a.), Crossing the Divide. Dialogue among Civilizations, South Orange/NJ 2001. Deutsche Ausgabe: Brücken in die Zukunft. Ein Manifest für den Dialog der Kulturen. Eine Initiative von Kofi Annan, Frankfurt a. M. 2001.

Hans Küng – Klaus M. Leisinger – Josef Wieland (Hrsg.), Manifest Globales Wirtschaftsethos. Konsequenzen und Herausforderungen für die Weltwirtschaft; Manifesto Global Economic Ethic. Consequences and Challenges for Global Businesses, München 2010.

Christel Hasselmann, Die Weltreligionen entdecken ihr gemeinsames Ethos. Der Weg zur Weltethoserklärung, Mainz 2002.

Johannes Lähnemann (Hrsg.), Das Projekt Weltethos in der Erziehung, Hamburg 1995.

Johannes Rehm, Erziehung zum Weltethos, Göttingen 2002.

Johannes Rehm, Weltethos praktisch, Mainz 2004.

Helmut Schmidt (Hrsg.), Allgemeine Erklärung der Menschenpflichten. Ein Vorschlag, München 1997.

Hans-Martin Schönherr-Mann, Miteinander leben lernen, München 2008.

Hans-Martin Schönherr-Mann, Globale Normen und individuelles Handeln, Würzburg 2010.

Hans-Martin Schönherr-Mann, Die Macht der Verantwortung, Freiburg 2010.

Weltethos – Weltfrieden – Weltreligionen, hrsg. v. *Erwin*

Bader im Auftrag der Initiative Weltethos Österreich (IWEO), Geleitwort von Hans Küng, Wien 2007.

Weltethos und Globalisierung, hrsg. v. *Erwin Bader* i. A. d. IWEO, Wien 2008.

Ethik und Technik, hrsg. v. *Hermann Knoflacher u. Josef Michael Schopf* i. A. d. IWEO, Wien 2009.

Weltethos und Recht, hrsg. v. *Anton Pelinka* i. A. d. IWEO, Geleitwort von Hans Küng, Wien 2011.

Weltethos und Bildung – User generated ethics, hrsg. v. *Michael Noah Weiss* i. A. d. IWEO, Wien 2011.

Bildungs- und Lernmedien der Stiftung Weltethos

Multimedia-Projekt »Spurensuche. Die Weltreligionen auf dem Weg«:
– Dokumentarfilme auf DVD über Stammesreligionen, Hinduismus, Chinesische Religion, Buddhismus, Judentum, Christentum und Islam;
– das Buch zur Filmreihe mit vielen Fotos und Grafiken;
– CD-ROM für Bildungsarbeit und Schule.

Ausstellung »Weltreligionen – Weltfrieden – Weltethos« (12 Tafeln, in unterschiedlichen Ausführungen, auch als Posterset für Schulen, und in mehreren Sprachen).

Weltethos in der Schule, Unterrichtsmaterialien (506 S.), hrsg. von *Stephan Schlensog* und *Walter Lange.*

A Global Ethic now! Multimediale Online-Lernplattform der Stiftung Weltethos. Deutsch, Englisch und Französisch: www.global-ethic-now.de (auch als Offline-Version erhältlich).

Die Bildungsmedien und viele der oben genannten Publikationen zur Weltethos-Thematik sind im Internetshop der Stiftung Weltethos (www.weltethos.org) erhältlich.

Dankeswort

Herzlich danke ich Dr. Günther Gebhardt und Dr. Stephan Schlensog. Sie haben wichtige Kapitel zu diesem Buch beigesteuert und viele Anregungen für das gesamte Manuskript gegeben. Ich danke auch Anette Stuber-Rousselle, M.A., die das Manuskript geschrieben und die immer wieder anfallenden Korrekturen eingearbeitet hat.

Dank gilt auch Prof. Dr. Hermann Häring, der zur ersten Fassung des Manuskripts, und Prof. Dr. Claus Dierksmeier, dem Direktor des neuen Weltethos-Instituts an der Universität Tübingen, der zur letzten Fassung wertvolle inhaltliche Anregungen gegeben hat.

Dank schließlich gebührt dem Piper Verlag, vor allem dem langjährigen Lektor Ulrich Wank. Ich bin dem Verlag besonders dankbar, dass er eine Sonderausgabe dieses Buches zur Eröffnung des Weltethos-Instituts am 18. April 2012 ermöglicht hat.

Tübingen, 1. März 2012   *Hans Küng*